남의 시선에
아랑곳하지 않기

뭘 하든 내가 결정한 대로,
나답게 사는 방법

남의 시선에
아랑곳하지 않기

차이웨이 지음 | 유연지 옮김

내 삶의 주도권을 잡아라

나와 마찬가지로 시골 출신인 한 친구가 있다. 그녀는 학창 시절 성적이 좋지 않아 전문대에 입학했다. 그녀의 부모님은 경제적으로 어려우니 공부는 이제 그만하고 전문대를 졸업하면 곧바로 일을 시작하라고 말했다. 일찍 사회에 나가 돈을 버는 것이 나중에 먹고살 걱정도 하지 않아 좋다는 말도 덧붙였다.

하지만 그녀는 부모님의 말씀을 따르는 대신 끈질기게 노력해 4년제 대학에 편입한 뒤 대학원에 진학해 석사학위를 받았다. 생활비와 학비는 아르바이트로 충당해 스스로의 힘으로 이뤄낸 성과였다.

그녀는 "평범한 사람이 자신의 운명을 바꾸는 방법은 오직 공부뿐"이라고 말했다. 그녀의 가족은 그녀가 학업을 계속 이어 가겠다는 선택에도, 그녀가 자신의 가치와 능력을 끌어올리려는 노력에 대해서도 지지해 주지 않았다. 왜냐하면 부모님은 그들이 가진 인식의 한계 때문에 지금껏 눈앞의 현실만 생각하며 살아왔지, 장기적인 미래를 그려 본 경험이 없었기 때문이다. 다시 말해 그녀의 부모님은 더 넓은 시야로 미래를 고민해 본 적이 없었기 때문에 자신들의 운명도 바꾸지 못했다.

그녀는 현재 상장기업의 회계사로 일하는 중이다. 스스로 성실히 노력하고 인생의 기로에서 냉철하고 현명한 선택을 내린 덕분에 대도시에서 성공적으로 자리를 잡았다. 그녀가 말하길, 아직 평범한 회사원이기는 하지만 세상을 보는 시야가 훨씬 넓어졌고, 전문적인 기술을 습득함으로써 일에서도 더 높은 성취감과 가치감 그리고 안정감을 느낀다고 했다. 그리고 이 모든 것이 그녀와 그녀의 부모님, 그리고 예전 동창들과의 차이를 만들어냈다.

지금 그녀가 이룬 모든 것은 그녀가 가족의 의견을 맹목적으로 따르지 않고 독립적으로 생각하는 능력을 갖춘 덕분에 가능한 것이었다.

성공한 사람과 그렇지 못한 사람의 차이는 인지능력에서 비롯된다. 인지능력은 우리의 사고능력을 결정하고, 사고능력은 행동력을 결정하기 때문이다. 우리의 뇌를 하나의 시스템으로 본다면, 사고능력을 더 높은 차원으로 올려야만 판단력과 실행력 등 종합적인 능력을 향상시킬 수 있다.

사실 사고능력과 판단력을 기르기 시작할 때부터 다양한 가치관에 노출되면 인생에서 중요한 선택을 해야 하는 순간을 만난다. 이때 주변 사람들은 "다 너 잘되라고 하는 말이야."라며 그들의 조언을 따르라고 말한다. 하지만 알다시피 우리 인생에 완벽하게 들어맞는 해답이나 견해 같은 것은 없다. 사람은 누구나 자신만의 길을 가야 하며 자기 인생의 주인공이 되어야 한다. 자신의 선택을 다른 사람에게 미룬 채 순응하며 산다면 예기치 않은 좌절과 시련에 부딪혔을 때 누가 우리를 책임져 주겠는가.

나는 내 인생 경험을 있는 그대로 공유하고 성장에 대한 생각을 나누고 싶어 이 책을 쓰게 되었다. 내가 어떻게 과거의 속박에서 벗어났고 현실에 안주하지 않고 살아가는지 보여주고 싶다.

　이 글을 읽고 있을 당신과 글로 소통할 수 있어서 너무나 기쁘고 행복하다. 부디 이 책이 당신에게 어떤 깨달음을 줄 수 있기를, 당신이 방황하는 순간에도 진정한 나로 살아갈 용기를 줄 수 있기를 바란다.

저자 차이웨이

Contents

Part 3

'선'을 지키면 인간관계가 편안하다

Part 4

원하는 삶의 방향은 어디인가

Part 1

매사 우유부단하다면
목표가 없어서다

잘하는 일을 하면 이미
95%를 이긴 것이나 다름없다

친구가 할 얘기가 있다며 나를 만나자고 했다. 자리에 앉자마자 그녀가 내 손을 덥석 잡더니 눈물을 뚝뚝 흘렸다. 너무 놀라서 다급히 우는 이유를 물었다. 그녀는 세 번째 사내 평가에서 또 떨어졌다고 했다. 이번 평가에서 통과하지 못했다는 것은 곧 실직을 의미한다.

"이제 어떡해? 일자리를 잃으면 수입이 끊겨 살아가기 힘들어질 거야."

그녀는 서럽게 흐느끼며 말했다. 내 팔에 기댄 그녀의

머리에 새치가 희끗희끗 나 있었다. 마음이 짠해졌다. 고작 스물여섯인데 업무 스트레스로 새치까지 난 모습을 보니 안쓰러웠다. 그녀는 한참이나 훌쩍인 뒤 이런저런 이야기를 털어놓았고 나는 그간의 사정을 대강 이해하게 되었다.

그녀가 다니는 회사는 전문 번역회사다. 주된 업무는 여러 나라에서 주고받는 비즈니스 문서를 번역해 주는 일인데, 이런 일은 높은 전문성을 요구한다. 만약 단어 하나라도 잘못 번역하면 수억 원에 이르는 계약에 영향을 줄 수 있기 때문이다. 그녀가 맡은 번역은 중요한 내용이 아니었다. 하지만 번번이 계약서 조항의 양식을 맞추는 일조차 실수하기 일쑤였다. 그녀는 가지고 있는 자격증도 많았고 업무 성실성 면에서도 이미 시험을 통과한 다른 동료들에게 뒤처지지 않았다. 게다가 성과도 조금은 있었다. 그런데도 오직 그녀만 매번 가장 최하위 평가를 받았다.

"대체 나한테 무슨 문제가 있는 걸까? 나는 이탈리아어를 7년이나 배웠어. 일도 항상 열심히 했어. 그런데 어째서 간단한 어휘조차 틀리게 번역하는 걸까? 나 너무 바보 같지?"

그녀는 눈물을 닦으며 말했다. 그녀의 눈빛에 서글픔이

가득 차 있었다.

　나 또한 의문이 들었다. 그녀는 어려서부터 똑똑했던 데다 노력형이라 학업 성적도 늘 상위권이었다. 한마디로 '엄친아' 친구였다. 하지만 직장을 다니기 시작한 뒤로는 좌절의 연속이었다. 부진한 실적은 말할 것도 없고 몇몇 아주 기본적인 일에서도 종종 실수를 저질렀다. 원래 신입 사원을 대상으로 진행하는 사내 평가는 단 두 번뿐이었으나, 회사에서 그녀의 업무 성실성과 적극성을 고려하여 예외적으로 한 차례 더 기회를 준 것이었다. 하지만 기대와 달리 그녀는 세 번째 사내 평가 역시 통과하지 못했다. 심지어 세 번째 평가 결과는 앞서 봤던 두 차례 평가 때보다 더 엉망이었다. 그녀는 아무리 생각해 봐도 그 이유를 찾을 수 없었다.

　똑똑하고 당당했던 그녀는 거듭되는 실패로 인해 자신감을 완전히 상실했다. 나는 어떻게 하면 그녀를 도울 수 있을까 고민하다 아주 사소한 부분에서 그 답을 발견했다. 그사이 그녀는 식당 냅킨 두 장으로 한쪽은 길이가 짧고 다른 한쪽은 길이가 긴 미니 원피스 모양을 접었다. 군더더기 없이 깔끔하면서도 굉장히 감각적인 디자인이었다.

　나한테는 그녀의 이런 모습이 전혀 낯설지 않다. 처음

만났을 때부터 그녀에게는 요리조리 뚝딱 예쁜 옷을 접어 내는 마법 같은 재능이 있었다. 나는 그녀가 오늘 입고 나온 옷차림을 다시 한번 훑어봤다. 위에는 다홍색 밀리터리 무늬의 오버핏 반소매 셔츠에 아래는 7부 길이의 검은색 배기팬츠를 입고 있었다. 여기에 시크함이 돋보이는 검은색 워커 부츠를 신었다. 개성이 뚜렷한 아이템들이 묘하게 잘 어우러진 그녀의 차림새는 세련미가 넘치다 못해 평범한 옷차림에 대한 거부를 선언하는 것처럼 보였다. 그렇다. 그녀는 마음이 심란해도 스타일만큼은 빛나는 '패셔니스타'였다.

나는 그녀에게 넌지시 물었다.

"패션 디자이너를 해 보고 싶다는 생각은 안 해 봤어? 이탈리아는 패션의 중심지야. 게다가 너는 이탈리아어를 할 줄 알잖아. 이탈리아에 가서 네가 가진 디자인 감각과 재능을 펼쳐 보는 건 어때?"

그녀는 순간 놀라 멈칫했다. 지금껏 패션 디자이너가 되고 싶다고 생각해 본 적도 없거니와, 더욱이 패션 디자인 업계에 관심을 가진 적도 없었다. 그녀가 냅킨으로 접은 원피스도, 오늘 입고 나온 옷차림도 그저 자신의 감각대로 시도한 것들이었다. 그때 나는 확신이 들었다. 그녀는 학습 능력이 뛰어난 친구다. 그리고 머리가 나쁘지도, 나태하지도 않다. 그런 그녀가 번역회사에서 뒤처졌던 이유는 '잘 못하는 일'이었기 때문이다. 그리고 그녀는 그 일을 하는 동안 '잘할 수 있는 일'을 할 기회도 놓쳤다. 누군가는 애써 노력해도 얻기 힘든 패션 디자인 감각을 그녀가 저도 모르는 사이에 발휘하는 것을 보면 이 분야에 소질이 있음이 분명하다.

자신이 잘하는 것을 찾는 방법

대다수 사람은 자신이 무엇을 잘하는지 전혀 모른다. 사실 그 답은 아주 간단하게 찾을 수 있다. 답을 찾는 기준은 하나다. 내가 그 일을 맡았을 때 일할 엄두가 안 나고, 하는 것마다 실수투성이였는지, 아니면 물 만난 물고기처럼 척척 잘 해냈었는지를 생각해 보면 된다. 뜨거운 열정, 높은 월급 이런 것들은 일단 제쳐두고 생각하라. 자신에게 너무 버겁고 계속 좌절감을 안겨 주는 일 앞에서는 제아무리 뜨거운 열정도 차갑게 식기 마련이다. 게다가 매번 일을 제대로 수행하지 못하는 당신에게 높은 월급을 줄 바보 같은 사장이 어디 있겠는가.

어떤 분야에서 처음 일을 할 때 그 분야에 소질이 있으면 일의 핵심을 금방 파악할 수 있다. 반면 그 분야에 소질이 없는 사람은 일의 핵심을 찾기 위해 무수한 시간과 에너지를 쏟아야 하며, 그 많은 노력이 헛수고로 끝날 가능성 또한 크다. 친구의 상황처럼 '소질이 없는 일'에 매달려 발버둥을 치는 사람을 보면 아마도 나처럼 무척 안타까운 마음이 들 것이다.

6개월 뒤 나는 그녀를 다시 만났다. 이번에 만났을 때는 6개월 전의 의기소침하고 침울한 모습은 온데간데없이 사라지고 생기와 활력이 넘쳤다. 눈빛에는 자신감과 기쁨이 가득 차 있었다. 알고 보니 그녀는 이미 밀라노에 있는 패션 디자인 학교에 합격한 상태였다. 일면식도 없는 교수가 그녀의 디자인 초안을 높게 평가했다고 한다. 출국 전에 특별히 나를 초대해 과거 방황하던 자신에게 방향을 제시해 줘서 고맙다는 인사를 전했다. 나는 내 조언이 그녀에게 도움이 되어 기뻤고, 그녀가 자신이 잘할 수 있는 일을 찾게 되어 그녀 자신만큼이나 뿌듯함을 느꼈다.

시간이 흐른 어느 날 그녀가 SNS에 올린 한 문장을 보게 되었다.

"자신이 잘할 수 있는 일을 하면 95%의 사람들은 이미 이긴 것이나 다름없다."

여전히 자신이 잘 못하는 일을 하면서 괴로워하고 있다면 잠시 일을 멈추고 생각해 보길 바란다. '내가 지금 하는 일이 가장 잘할 수 있는 일인가?' 만일 그렇지 않다면 지금 당장 그 일을 멈추길 바란다. 무의미한 노력과 기계적인 반복은 당신이 가진 모든 열정과 재능을 낭비할 뿐이기 때문이다.

중요하지 않은 결정에
에너지를 낭비하지 마라

과거 하버드 대학에서 사람을 가난하게 만드는 9가지 원인을 발표한 적이 있다. 그 9가지 원인 중 첫 번째는 '우유부단함'이다.

내가 만난 우유부단한 사람들은 이랬다. 어떤 이는 음식을 주문하기 한 시간 전부터 미리 배달 앱을 켠 채 고민에 빠진다. '마라탕은 너무 맵고, 짜장면은 너무 간이 쎄고, 볶음밥은 너무 느끼해. 그렇다고 패스트푸드를 먹자니 내 몸에 미안하단 생각이 드는걸….' 결국 그는 다른 사람들이 식사를 다 마칠 때까지도 메뉴를 정하지 못했다.

또 어떤 이는 일기 예보를 듣고 고민에 빠졌다. 다음 날 비가 내리지만 기온은 여전히 30도를 왔다 갔다 할 것이라고 말했다. '내일은 미니스커트를 입을까? 신발은 운동화를 신을까, 웨지 힐을 신을까? 어떤 우산을 들고 나가지? 지하철을 탈까, 택시를 탈까….' 밤새 아무것도 결정하지 못한 그녀는 결국 다음 날 아무 옷이나 집어 입고 급하게 문을 나섰다.

황금연휴를 목 빠지게 기다리면서도 어디로 놀러 갈지 정하는 것 때문에 골머리를 싸매는 이도 있었다. '근교는 주말에 놀러 가도 되지 않을까? 너무 먼 지역은 필시 사람이 바글거리겠지? 그래도 가까운 지역은 별로 재미없겠지? 온라인에서 유명한 명소들은 어린애들이나 놀러 가겠지? 지방 소도시는 위험하지 않을까….' 그가 이렇게 넋 놓고 고민하는 사이 일주일 연휴는 금세 지나가 버렸다.

이들은 결국 어떻게 되었을까? 무엇을 먹을지 망설이던 이는 업무가 지체되어 상사에게 꾸중을 들었다. 비 내리는 날 지하철역 입구까지 갔다가 다시 택시를 타러 간 이는 결국 지각을 했고, 그로 인해 그달에는 개근한 직원에게 주는 상여금을 받지 못하게 됐다. 황금연휴에 놀러 갈 곳을 정하지 못한 이 역시 연휴 내내 집에 머무르는 신세가 되었다.

사소한 것에 사로잡혀 쉽게 결정하지 못하는 우유부단함은 사람을 '가난'하게 만든다. 즉, 우유부단함은 자기 인생을 망친다. 사소한 일에 에너지를 허비하느라 정작 중요한 일을 할 시간이 없어졌기 때문이다.

미국에서 이뤄진 한 조사에 따르면, 사람이 하루 동안 맞닥뜨리는 선택의 순간은 70번이라고 한다. 직장 혹은 집 주소를 바꾸는 일부터 입고 먹고 자는 일까지, 우리는 매 순간 선택해야 하는 상황에 놓인다. 그런데 만약 선택해야 하는 순간마다 망설이고 주저하느라 에너지를 낭비한다면 하루 24시간 동안 정신적 피로감을 느끼는 것 외에 무엇을 더 얻을 수 있겠는가. 그렇다면 우유부단함에서 어떻게 벗어날 수 있을까?

일의 우선순위를 정하고 중요한 일에 집중하라

일상에서 처리하는 일들은 크게 네 등급으로 나눌 수 있다.

1. 긴급하고 중요한 일

2. 긴급하지만 중요하지 않은 일

3. 중요하지만 당장 급하지 않은 일

4. 중요하지도 급하지도 않은 일

우선 하루 동안 우리가 결정해야 할 모든 선택을 위의 네 등급에 따라 나눈다. 그런 다음 등급에 따라 할애할 시간을 분배한다. 긴급하고 중요한 일에는 4시간 이상을 써도 되지만, 긴급하지만 중요하지 않은 일은 반드시 2시간 이내에 끝내야 한다. 그리고 중요하지만 당장 급하지 않은 일은 8시간 이상의 시간이 필요할 수 있다. 그렇게 되면 중요하지도 급하지도 않은 일을 처리할 시간은 수면시간 8시간을 제외한 나머지 2시간뿐이다.

자, 어떠한가? 위와 같이 시간을 중요한 일에 집중적으로 사용하게 되면 무엇을 먹고 마실지와 같은 일들은 빠르게 결정할 수밖에 없다. 그래야 중요한 목표에 많은 에너지를 쏟을 수 있고 목표를 달성할 수 있기 때문이다.

단순한 인맥 확장은 시간 낭비일 뿐이다

많은 이들이 우유부단한 이유는 명확한 목표 없이 행동하기 때문이다. 똑똑한 사람은 무슨 일을 하든 자신만의 명확한 목표를 가지고 있다. 가령 제품을 홍보하려면 잠재 고객을 찾아 나서야 한다. 그래야 사람들이 가진 수요를 조사할 수 있기 때문이다. 만일 당신이 시나리오 작가라면 각본을 팔기 위해 투자자를 찾으러 나서야 한다.

그래야 마켓 포지션market position과 시장 수요를 파악할 수 있다. 뉴미디어 콘텐츠를 만들 때도 대중이 원하는 것을 잘 읽어 내어 사람들이 좋아할 콘텐츠를 만들어야 한다. 내가 좋아하는 것, 내가 잘하는 것만 만들 수는 없다.

단순히 인맥을 넓히려는 목적으로 친구를 사귀고 사람들과 잡담을 나누는 것은 아무 의미 없는 일에 시간을 낭비하는 행위다. 정리하자면, 많은 이들이 선택을 힘들어하는 이유는 머릿속에 생각이 없기 때문이다. 즉, 목표가 없기 때문에 망설이고 결정하지 못하고, 결과적으로 시간과 에너지를 무의미한 선택에 낭비하게 된다.

수시로 나를 돌아보고 반성하라

일의 순서를 정하고 시간을 분배할 때 사람은 관성적 사고로 인해 새롭게 정한 규칙을 어기게 된다. 그렇다고 조급해할 필요 없다. '선택 공포증'을 치유하는 일은 본래 하루 이틀에 달성할 수 있는 목표가 아니니까.

'다음번에 또… 한다면, 절대… 하지 않을 것이다'라는 문장 구조를 사용해 나의 에너지를 낭비하게 만드는 사소한 일들을 기록해 보자. 예를 들어 오늘 내가 SNS에서 연예인 스캔들 이야기로 누리꾼들과 한 시간 동안 논쟁을 벌였다면, 혹은 우편요금 몇백 원을 아끼자고 구매 대행사와 30분간 가격 흥정을 했다면, 그 일들이 다 끝난 뒤에 이렇게 정리해 보자. '다음번에 또 온라인에서 연예인 스캔들에 관한 내용을 보면 절대 댓글을 달지 말아야지', '다음번에 또 물건을 사면 절대 몇백 원 때문에 30분을 낭비하지 말아야지'라고 말이다.

학창 시절에 오답 노트를 정리했던 것처럼 자신의 행동을 기록하고, 분석하고, 회고해 보자. 주기적으로 자신을 돌아보고 성찰하는 습관은 이전에 내가 어떤 실수를 했는지 기억하는 데 도움이 될 뿐아니라, 비슷한 상황에 다시 맞닥뜨렸을 때 과거의 실수를 상기시켜준다.

자, 기억하자. 더는 중요하지 않은 결정에 자신의 에너지를 낭비하지 말자. 진지하게 나의 인생을 계획하고 꾸려나가 보자. 당신에게는 멋진 순간을 느낄 시간이 아직 많이 남아있으니!

엉뚱한 노력은
결국 나를 무너뜨린다

예전에 나와 같이 일했던 유이는 5년째 행정직으로 근무 중이다. 그녀는 다리가 길고 키가 큰 편이며, 이목구비가 뚜렷했다. 하지만 아름다운 외모와는 달리 좀처럼 활기가 느껴지지 않았다. 피로에 찌든 기색은 두꺼운 화장으로도 가려지지 않았다. 고작 이십 대 후반의 아가씨인데 오십을 바라보는 여성처럼 보였다.

사실 유이가 이렇게까지 변한 것은 너무나 당연했다. 당시 나는 입사하고 나서도 꽤 오랫동안 그녀를 보지 못했다. 듣자 하니 몇 달 동안 상사의 집을 알아보러 돌아다녔다고 한다. 그것도 한겨울 엄동설한에 매서운 칼바람을 맞아가며 말이다. 이뿐만이 아니다. 매일 24시간 상시 대기하며 상사가 부르면 곧장 달려가야 했다. 하루에 기본 8시간을 자는 것은 꿈도 못 꿀 일이었으며, 매일 밤 5시간을 푹 자는 것조차 장담하기 어려웠다.

식사 시간 역시 불규칙하기는 마찬가지였다. 근무 시간은 오전 10부터 저녁 7시까지였는데, 유이는 10시가 다 되어서야 아침을 먹었다. 그래서 늘 점심시간이 되면 아침에 먹은 음식이 아직 소화되지 않아 점심을 먹지 못했다. 그렇게 늦은 점심을 먹고 나면 다음 식사는 밤 9시 이후에나 가능했다.

몇 달 전에는 회사에서 진행하는 대형 프로젝트 때문에 눈코 뜰 새 없이 바빴던 모양이다. 아무것도 먹지 못할 정도로 지쳐버린 그녀는 포도당 음료를 마시며 겨우 정신을 차렸다고 했다. 결국 프로젝트가 끝난 뒤 탈이 나고 말았다. 진찰 결과 면역력은 극도로 낮아졌고 건강 상태도 심각했다. 의사는 그녀에게 이름을 읽기도 어려운 건강 보조제를 잔뜩 처방해 줬다. 하지만 처방받은 건강 보조제를 먹자마자 그녀의 얼굴에는 뾰루지가 미친 듯이 올라왔다.

하는 수 없이 의사는 그녀에게 매일 30분씩 운동을 하라고 강력히 권고했다. 땀을 흠뻑 흘려야 독소가 몸 밖으로 배출되고, 그래야 영양분이 체내로 흡수될 수 있기 때문이다. 그녀는 의사의 말을 듣고 심란함을 감추지 못했다. 잠잘 시간도 부족한데 운동할 시간이 어디 있단 말인가!

하지만 그토록 몸을 혹사하며 일한 결과는 참담했다. 그녀는 회의 시간에 입에 발린 형식적인 칭찬과 '악바리 사원'이라는 별명 외에 아무런 보상을 받지 못했다. 부당함을 느낀 유이는 상사에게 면담을 요청했다. 그러나 면담 중 상사가 던진 물음에 그녀는 말문이 막혀버렸다. 상사는 그녀에게 다음과 같이 물었다.

"유이 씨의 본업이 뭐죠?"

지난 5년 동안 회사에서 그녀가 해온 일은 카운터 업무, 문서 복사, 차 심부름, 비품 구매, 식사 예약이었다. 수년이 흐르는 동안 자신의 본업과 아무 상관도 없는 잡일만 열성적으로 하고, 본업과 관련된 일은 제대로 배우지 못했던 것이다.

"유이 씨가 생각하는 직업의 방향은 뭐죠?" 상사는 다시 한번 그녀에게 물었다.

그녀는 머릿속이 새하얘졌다. 그녀는 입사 당시 상사와

동료에게 좋은 인상을 남기려고 자신의 직무가 아닌 일들까지 도맡아 처리했다. 그 결과 본래 그녀가 해야 할 일이 아닌 일들까지 모두 그녀의 일상 업무가 돼 버렸다. 일이 과중하게 몰리니 업무를 꼼꼼하게 처리하지 못했고, 실수도 자주 했다. 결국 그녀의 몸은 지칠 대로 지쳐 갔다.

5년이라는 시간은 눈 깜작할 새 지나갔다. 그사이 그녀의 입사 동기 중에는 팀장으로 승진한 이도 있었고, 타 부서로 업무 전환을 한 이들도 있었다. 오직 그녀만 5년 전과 똑같은 위치에 머물러 있었다.

결국 상사는 그녀에게 완곡히 사직을 권했다. 그리고 그간 그녀가 회사에서 가장 바쁘고 힘들게 일했던 점을 생각해서 한 달 치 월급을 더 챙겨 주겠다고 말했다. 상사는 자리를 떠나기 전 마지막으로 그녀에게 이렇게 말했다.

"내가 나아가야 할 방향이 어디인지 잘 찾아봐요. 어물쩍 시간을 흘려보내면 돌이킬 수 없어요."

그 순간 유이의 의지는 와르르 무너졌다. 몸이 상할 만큼 열심히 일했는데, 어째서 모든 노력이 다 물거품이 되어 버린 걸까?

엉뚱한 곳에서 힘을 빼고 있진 않은가

나 또한 열심히 노력한 결과가 수포로 돌아간 적이 있다. 그래서 '노력은 배신하지 않는다'는 말이 맞는지 의심스러웠다. 아마 당신도 같은 경험이 있을 것이다. 방황하지 않는 청춘이 어디 있겠는가. 한 치 앞을 모르는 상황에서 새로운 일을 시도하고 경험하며 한 걸음씩 나아가 지금의 내가 된다. 우리가 두려워하는 것은 방황이 아니라, 방황이 계속 이어져 인생의 방향 자체를 잃어버리는 것이다. 엉뚱한 곳에서 노력하면 인생의 방향을 잃어버린 것과 같다. 이른 아침 사람들로 붐비는 만원 지하철을 탔는데 명확한 목적지가 없다면 어떨까? 모두 지하철역을 떠나 제각기 목적지를 향해 가는데 마지막까지 나 혼자만 그 자리에 남아 있다면 무섭고 불안할 것이다.

하지만 그보다 더 무서운 것은 목적 없이 앞만 보고 가다간 부지불식간에 한 사람의 건강, 신념, 의지까지 무너진다는 사실이다. 악순환이 그렇다. 당신은 둥근 원을 따라 계속해서 뛰고 있지만, 실은 시작점에서부터 미친 듯이 원점을 향해 질주하는 것이다. 더 빠르게 달릴수록 원점에 가까워지지만, 정신없이 달리느라 지친 당신은 오늘 하루도 열심히 살았다는 가짜 만족감을 느낀다. 그리고 당신은 스스로 노력하고 있다고, 성장하는 중이라 생각할 것이다. 그렇다면 현실은 어떠한가? 피로에 찌들어 녹초가 된 당신은 열심히 일했으니 그에 상응하는 충분한 보상이 주어지기를 기대할 것이다. 그러나 현실은 기대와 달리 그토록 분주하게 달리고도 여전히 원점에 머물러 있는 자신을 발견하게 된다. 그동안 당신이 좇은 것은 과거의 자신일 뿐이다. 애석하지만 당신은 자신의 능력이 아무런 단련도, 향상도 이뤄지지 않았다는 것을 깨닫게 될 것이다. 당신이 악순환이라는 고리를 달리는 동안, 소모한 시간과 에너지는 물에 빠진 지폐처럼 어떤 식으로도 보상받을 수 없다.

그래서 선택은 노력보다 중요하다. 현실을 객관적이고 이성적으로 인지하고 판단하는 것은 목표 실현의 첫걸음이다. 만약 그동안 건강을 생각하지 않고 무리하게 일해 왔다면, 지금 당장 하던 일을 멈추고 자신에게 물어보길 바란다. '나는 지금 무엇을 하고 있는 걸까?', '내가 원하는 것이 무엇이었지?' 그동안 배달 음식을 먹으며 밤을 새운 날들이 당신에게 그 어떤 특별한 능력도 가져다주지 않았음을 깨달을 것이다.

우리는 앞서 말한 질문에 대한 답을 한시라도 빨리 찾아야 한다. 신체 건강은 약이나 운동으로 되찾을 수도 있지만, 명확한 방향 없이 그저 열심히 노력만 한다면 언젠가 굳은 의지마저 속수무책으로 무너지고 말 테니까.

무의미한 것들에
노력을 허비하지 마라

얼마 전 모교에 갔다가 재미있는 광경을 보았다. 마흔 중반쯤 되어 보이는 한 아저씨가 학교 건물 앞에서 좌판을 깔아 놓았다. 좌판 위에는 별다른 물건 없이 종이 몇 장만 놓여 있었다. 종이에 쓰여 있던 내용은 잘 기억나지 않지만, 분명히 '영구기관Perpetual mobile(에너지를 공급받지 않고도 영원히 일을 지속하는 가상의 기관_옮긴이)'이라고 쓰여 있었다.

학교 건물 앞을 왔다 갔다 하는 사람들 중 누구도 그 좌판에 관심을 보이지 않았다. 유일한 관중은 오직 나뿐이었다. 아저씨는 내가 관심이 있는 줄 알고 자신이 찾아낸 '중대한 발견'에 대해 미주알고주알 설명했다. 그는 자신이 십수 년 동안 미친 듯이 영구기관을 연구해 왔고, 영구기관이 실현 가능하다는 것을 증명해 냈다고 말했다. 그는 이 '중대한 발견'은 틀림없이 역사에 기록되고 인류의 에너지 위기를 해결해 줄 것이라는 등의 이야기를 늘어놓았다.

비록 문과생 출신이지만, 영구기관이 현실에서 존재할 수 없다는 것쯤은 나도 알고 있었다. 학교 앞을 오가는 학생이 이렇게나 많은데 아무도 그에게 관심을 보이지 않은 건, 그와 대화를 나누는 것 자체가 시간 낭비이기 때문이다. 고등학생 때 물리를 열심히 공부한 사람이라면 그가 제시한 '중대한 발견'이 잘못된 주장임을 이해할 것이다.

하지만 나는 그 아저씨처럼 한 가지 목표를 위해 그토록 오랜 시간 노력을 쏟을 수 있는 사람을 보면 진심으로 대단하다는 생각이 든다. 나는 그가 그동안 얼마나 많은 고통을 감내했을지, 얼마나 많은 심혈을 기울였을지 가늠조차 할 수 없다. 하지만 한 가지는 확실하게 안다. 그의 노력은 아무 의미 없으며, 그는 영원히 자신이 원하는 결과물을 얻지 못할 것이라는 사실이다. 그래서 나는 지금부터 우리가 어떻게 노력해야 하는지, 어떤 노력이 헛되지 않을 수 있는지 이야기하고자 한다.

시시포스의 형벌과도 같은 헛된 노력

다음은 그리스 신화에 나오는 한 일화다. 시시포스Sisyphus는 신들을 기만한 죄로, 거대한 돌을 산꼭대기로 밀어 올려야 하는 형벌을 받는다. 하지만 그 돌은 너무 거대하고 무거워서 산 정상에 가까워질 때마다 산 아래로 다시 굴러떨어졌다. 그래서 시시포스는 끝없이 그 과정을 반복할 수밖에 없었다. 결국 그의 생명은 아무 의미도, 아무 희망도 없는 행동을 반복하면서 서서히 소멸해 갔다.

현실에서도 누구나 시시포스와 같은 곤경에 빠질 수 있다. 시시포스가 밀어 올리던 거대한 돌이 현실에서는 다른 대상으로 바뀔 뿐이다. 가령 잘못된 목표가 그러하다. 이를 이루기 위해 쏟은 노력과 헌신은 영원히 정상에 도달할 수 없는 거대한 돌을 밀어 올리려는 행동과 같다.

예전에 '사내 모범 사원'으로 불리던 동료가 있었다. 그는 매일 밤 늦게까지 야근을 했다. 심지어 새벽 한두 시까지도 이메일을 보낼 정도였다. 그뿐이 아니다. 매일 아침 가장 일찍 출근하는 것도 그였고, 주말에도 회사에 나와 일하는 날이 허다했다. 그에게는 아홉 살 된 초등학생 자녀가 있었는데, 교내 학부모 행사에는 단 한 번도 참석하지 못했다. 그의 삶에서 가장 중요한 것은 언제나 일이었고, 가정은 그다음이었다.

상사는 회의 시간만 되면 입에 침이 마르도록 그를 칭찬했다. 다른 직원들에게도 그를 본받아 배우라고 말할 정도였다. 하지만 그렇다고 그를 승진시켜주거나, 월급을 올려주지는 않았다. 시간이 한참 흐른 뒤 나는 그 이유를 알게 되었다.

그 동료는 분명 '묵묵히 성실하게 일하는 직원'이었다. 그는 동시에 여러 프로젝트를 맡고 있었는데, 프로젝트의 아이디어를 구상하는 일부터 문서에 쓰여 있는 문장 하나하나까지 모든 일을 직접 처리했다. 그러다 보니 매일 야근을 해도 수중에는 늘 일이 남아 있을 수밖에 없었다. 하지만 그가 맡은 프로젝트 가운데 어느 하나 이렇다 할 성과를 내지 못했다.

물론 열심히 일하고 노력하는 것은 두말할 필요 없이 중요하다. 이 점은 아무리 강조해도 지나치지 않는다. 이 세상에는 피나게 노력하는 이들이 많다. 하지만 그 노력의 대부분은 헛되거나 자기만족에 그치고 만다.

공자의 가르침 중에 '그칠 줄 알아야 할 일을 정할 수 있고, 할 일을 정해야 정신이 고요해진다'는 내용이 있다. 또한 정신이 고요해져야 마음이 편안해지고, 마음이 편안해지면 깊이 헤아릴 수 있게 되며, 깊이 헤아릴 줄 알아야 능히 얻을 수 있다고 말한다. 쉽게 이야기하면 자신의 장단점을 알아야 목표를 명확하게 세울 수 있고,

마음이 혼란스럽지 않고 안정되어야 깊고 차분하게 생각할 수 있으며, 깊고 차분하게 생각해야 생각을 행동으로 실행하고 나아가 목표를 이룰 수 있다는 말이다.

우리는 깊이 생각하는 습관을 길러야 한다. 눈앞의 일을 처리하기에 급급하다 보면 장기적인 전략이나 방향을 고민하고 수립하는 것을 등한시하게 된다. 학습, 직장 생활, 자아 인식을 할 때 깊이 사고하는 능력을 갖춰야 자신의 업무와 삶을 능숙하고 여유롭게 꾸려 갈 수 있다.

현대 사회에서는 인터넷에 검색만 하면 여러 정보를 습득할 수 있다. 우리는 이를 잘 활용해 다양한 생각을 접하고 배워야 한다. 아울러 자신의 인생 방향을 진지하고 객관적으로 고민하고 멋진 인생 계획을 세워야 한다. 용감하고 과감하게 도전하고 노력하되, 무의미한 것에 노력을 허비하지 마라. 쓸데없는 일에 에너지를 쏟다 보면 그 노력은 허무한 환상으로 끝날 것이다.

젊어서 고생은 사서도
하는 게 맞을까

친구의 사촌 동생은 도대체 몇 번을 그에게서 돈을 빌려 갔는지 모른다. 사촌 동생은 이번에도 지난번처럼 좋은 사업 아이템이 있다며 돈을 빌려달라고 했다. 창업 자본을 거의 조달했으니 형이 조금만 보태 주면 곧바로 사업에 착수할 수 있다고 말했다. 하는 수 없이 친구는 얼마면 되냐고 물었다. 그러자 사촌 동생은 이렇게 대답했다고 한다.

"가능한 한 많이요."

사촌 동생의 대답에 친구는 울 수도 웃을 수도 없었다.

친구의 사촌 동생은 대학 졸업 이후 길거리에서 간식을 파는 일부터 사진관 운영, 원격 웹디자인, 민요 밴드 결성, 술집 운영 등 사업을 한다고 뛰어든 '업종'만 수십 가지였다. 지금은 자녀를 둔 아버지가 되었지만 빚이 수천만 원에 이르고, 손대는 사업 모두 아무 성과가 없었다. 그런데도 사촌 동생은 여전히 사회 초년생 때처럼 종일 사업 기회를 찾는 데 여념이 없었다. 친구가 그에게 빌려준 돈만 해도 이미 수천만 원에 달했지만, 그동안 이자는 단 한 푼도 받지 못했다. 결국 친구도 이번만큼은 지갑을 열지 않았다.

친구의 사촌 동생이 창업에 실패한 이유는 여러 가지였다. 일에 대한 전문성이 부족해서, 일이 힘들어서, 같이 일하는 사람들과 마음이 맞지 않아서, 시장이 포화 상태여서 등…. 하지만 이유야 어떻든 시간은 순식간에 흘러 그는 이미 부모님과 자녀를 부양해야 하는 나이가 되었다. 그런데도 그는 매일 눈을 뜨자마자 돈을 소비하고, 눈에 보이는 모든 것들을 자신의 가족에게 의존했다. 그는 수년 동안 정신없이 바빴지만 여러 업종에 도전하고 실패하다 보니, 결국 어느 분야에서도 전문성을 쌓지 못했다. 뒤늦게 일자리를 찾아보았지만, 이제는 그의 경쟁 상대가 모두 '2000년 대생'의 젊은 친구들이었다. 젊은 친구들의 생기

발랄한 모습과 넘치는 에너지를 보니 그는 저도 모르게 자신의 한계를 느꼈다.

유한한 인생, 시행착오는 짧고 굵게

주위를 둘러보면 많은 이들이 친구의 사촌 동생처럼 20대 초중반에 사회로 나가 몇 년 또는 그보다 더 짧은 시간 동안 인생의 시행착오를 경험한다. 그리고 30대가 되면 스스로 자립하고, 자신과 가족을 책임지기 시작한다.

사람들은 20~30세까지를 인생의 황금기라고 부른다. 왜냐하면 이 시기에 세상 물정 모르는 청소년에서 일정 수준의 학식과 경력, 인맥을 쌓은 청년으로 성장하기 때문이다. 사회에서도 이 연령대 젊은이들에 대한 선호도가 가장 높다. 20대 청년들에게는 혈기 왕성한 에너지, 거침없는 도전정신이라는 그들만의 '무기'가 있기 때문이다. 또한 사람은 이 10년 동안 몇 차례의 중요한 기회를 만나기도 한다. 그 기회는 인생을 바꿀 수도 있다.

대기만성하는 사람들을 보면, 30대 이후부터 인맥이 점점 넓어지고 다양한 기회를 만난다. 만일 자신이 가진 여러 자원과 기회를 잘 활용할 줄 알고, 또 타인을 배려하고 도우려는 마음을 갖는다면, 모든 면에서 완벽한 사람까지는 못되어도 최소한 어떤 상황에서도 여유를 잃지 않는 사람이 될 수 있을 것이다. 우리는 모두 자신이 원하는 인생을 살고 싶어 하고, 자신이 되고 싶은 사람으로 성장하기를 바란다. 하지만 이 세상에 완벽하고 허물없는 사람이 어디 있겠는가? 젊을 때는 실수해도 괜찮다. 그러나 실수가 계속 이어지게 놔두면 안 된다. 시간은 짧고 기회는 많지 않기 때문이다. 당신에게 허락된 시행착오의 기회가 몇 번이나 되겠는가? 시간의 유한함과 그 흐름이 얼마나 빠른지 알고 있는 이들은 시행착오를 겪지 않기 위해 이미 자신을 채찍질하며 '성공적인 시도'를 시작한다.

여기서 '성공적인 시도'란 엄청난 행운을 기대한다거나 단번에 탄탄대로 인생을 걸으려는 시도가 아니다. 어떤 이유에서든 한 가지 방향을 정했으면 그 일을 진심으로 이해하고 사랑하려고 노력한다는 것이다. 그리고 그 일과 관련된 모든 사소한 일까지도 진지하게 임한다. 그렇게 자신의 힘으로 '시행착오'를 '성공적인 시도'로 바꿔 나간다. 그것이 당신의 인생에서 가장 빛나는 기회일지도 모른다.

이제 더는 '원하는 인생은 다른 곳에 있다'라는 생각을 던져 버려라. 내 인생은 내 손 안에 있다. 수년 뒤의 당신이 지금의 자신을 싫어하게 만들지 말자.

준비된 자만이
선택할 수 있다

얼마 전 우연히 고등학교 동창생을 만났다. 그는 대학을 졸업한 지 6~7년이 지났는데도 여전히 구직 중이었다. 심지어 그는 자신이 마음만 먹으면 수많은 선택지를 가질 수 있다고 믿었다.

그는 4학년 2학기 때 대학원 진학을 결정했지만, 응시했던 시험에서 모두 합격하지 못했다. 이후 해외 유학을 준비했으나 비자 발급 절차를 앞두고 유학을 포기했다. 그 뒤로 한동안은 허송세월하다 이번에는 군대에 입대하려고 했다. 군대에서 몇 년간 복무하면 장교로 승진할 수 있었기 때문이다.

비록 모든 계획은 수포로 돌아갔지만 그래도 그는 아르바이트를 하며 대학원 입학 재시험을 준비할 수 있었다. 결과적으로 그는 앞서 언급한 계획 중 그 어떤 것도 선택하지 않았다. 그는 집에서 가까운 작은 도시에 머무르며 멍하니 세월을 보냈다.

그 뒤로 몇 년의 시간이 흐른 뒤 나를 만난 것이었다. 그는 여전히 요행을 바라며 자신이 선택지를 많이 가지고 있다고 생각했다.

선택할 수 있는 사람이 되어라

지금은 정보가 넘쳐나는 시대다. 인생의 방향과 같은 중대한 일부터 먹고 마시는 사소한 일까지, 우리는 인터넷을 통해 무수히 많은 정보를 얻을 수 있다. 하지만 인터넷상의 수많은 정보 중 어떤 것이 좋고 나쁜지, 무엇이 진실이고 거짓인지 구별하기가 쉽지 않다. 그래서 사람들은 수많은 정보 중 무엇을 선택해야 할지 고민하게 된다.

과거에 어느 한 유명한 '판매 달인'이 진행한 실험이 있다. 그는 새롭게 출시할 두 종류의 과자를 준비했다. 그중 첫 번째 과자는 사람들에게 익숙한 과일과 채소 맛을 참고하여 총 30가지의 다양한 맛으로 만들었다. 두 번째 과자는 오리지널 맛, 짭짤한 맛, 달콤한 맛 등 딱 세 가지의 기본 맛만 만들었다. 두 종류를 모두 시장에 출시해 보니, 두 번째 과자의 판매량이 압도적으로 높았다. 고객들은 기본 맛의 과자를 더 선호했다. 한편 심혈을 기울여 만든 30가지 맛의 과자는 거의 관심을 받지 못했다.

소비자 입장에서 이런 현상을 이해하는 것은 그리 어렵지 않다. 만약 눈앞에 세 가지 맛의 과자가 주어지면 우리는 먹고 싶은 맛을 쉽고 빠르게 고를 수 있다. 그러나 30가지 맛의 과자가 눈앞에 있다면 자신도 모르게 종류별 맛과 칼로리, 가격, 심지어 포장까지 비교하게 된다. 그렇게 한참을 비교하다 보면 어느새 구매 욕구가 사라지기도 한다. 어쨌거나 한 번에 30가지 맛을 모두 사서 맛볼 생각을 하는 사람은 별로 없기 때문이다.

과자를 선택하는 일도 이렇게나 힘든데, 하물며 인생에서 선택해야 하는 일은 더 말할 것도 없다.

사실 30가지 맛의 과자를 선택할 때는 돈이 얼마나 들지, 체중이 얼마나 늘지만 고민하면 된다. 하지만 인생에서 하는 선택은 그보다 더 복잡하고 어렵다. 그래서 인생의 중요한 기로에 서면, 우리는 결정을 내리지 못하고 망설이다 운명이 흘러가는 대로 따라가게 된다.

예를 들어보자. 수능 성적이 발표되었는데, 자신의 점수가 만족스러운 수준이 아니라면 어떨까? 당신은 아마도 명문 대학을 동경하지만 그 바로 아래 수준의 대학을 목표로 삼아 공부했을 것이다. 그러나 현실은 어떨까? 일단 자신의 점수를 기준으로 진학 가능한 대학을 추리게 되고, 그다음에는 부모님과 선생님이 돌아가며 자신들의 의견을 말할 것이다. "전공을 선택할 때는 학비도 따져야 하지만 취업 전망도 생각해야 해.", "학교를 고를 때는 그 학교의 실력을 봐야지 명성에 연연하면 안 돼." 그렇게 해서 남은 선택지는 한두 개밖에 없다. 그마저도 개인적인 취향과 꿈은 전혀 반영되지 않는다.

시간이 흘러 대학 졸업을 앞두고 취업을 위해 기업 면접을 보게 된다. 당신은 처우가 좋은 전도유망한 회사에 입사하기를 바랄 것이다. 또한 회사가 집 가까이 있으면 좋겠고, 친구와 함께 입사한다면 더 좋겠다고 생각할 것이다. 하지만 열심히 고르고 따져보고 나면 알게 된다. 원하는 조건의 회사는 들어갈 역량이 안 되고, 입사할 수 있는 회사는 성에 차지 않는 것이 내 현실이라는 것을 말이다. 여기서 시간이 더 흐르면 어느덧 결혼을 생각하는 나이가 되고, 주변의 동창과 친구들로부터 청첩장이 날아온다. 그때가 되어서야 비로소 이런 생각이 든다. '날렵한 눈썹, 잘생긴 얼굴, 매력적인 분위기 등 내 눈에 차는 남자들은 일찌감치 다른 여자의 남편이 된 지 오래고, 소개받아 알게 된 남자들은 하나같이 다 내 마음에 들지 않아!'

여전히 선택지가 많다고 생각하는가? 당신에게 선택의 여지는 거의 없다. 선택할 준비가 안 되어 있기 때문이다. 그래서 늘 선택당하는 위치에만 서는 것이다.

누구나 명문대 입학을 꿈꾼다. 하지만 이를 악물고 노력해서 꿈을 이루는 사람은 드물다. 누구나 좋은 직장을 원한다. 하지만 대학 4년 동안 열심히 공부하고, 자기 관리도 소홀히 하지 않으며, 자신의 미래를 체계적으로 설계하고 계획하는 사람은 지극히 소수에 불과하다. 누구나 완벽한 배우자를 만나길 바란다. 하지만 항상 자신을 돌아보고 내면을 단련하는 사람은 손에 꼽을 정도다. 그들은 남모르게 피나는 노력으로 여러 선택지를 가지고 자유롭게 선택할 수 있도록 준비한다. 그래서 그들은 망설이거나 머뭇거릴 필요 없이 최고를 향해 달려가 그것을 선택할 수 있다. 그들은 선택할 준비가 되어 있기 때문이다. 지금 이 글을 읽고 있는 여러분도 부디 선택당하는 사람이 아닌, 선택할 수 있는 사람이 되길 바란다.

일단 시작하면
희망이 생긴다

　한 남학생이 있다. 그는 평소 미래에 대한 희망이 보이지 않아 어디서부터 노력해야 할지 막막했다. 늘 막연한 불안감과 답답함에 힘들어했다. 항상 시험에서 떨어질까 봐, 앞으로 할 일 없이 빈둥거리며 살게 될까 봐 걱정했다. 눈만 뜨면 삶에 대한 절망밖에 느껴지지 않았다. 그러나 실상은 그렇지 않았다. 그가 시험에 불합격하는 일은 일어나지 않았고, 그 이후의 삶도 그가 우려했던 것처럼 절망적이지 않았다.

1871년 봄, 그 학생은 책 한 권을 보게 되었는데, 책 속에 나오는 어떤 한 구절을 보고 큰 충격을 받았다.

"멀리 있는 희미한 풍경을 보려 하지 마라. 중요한 건 눈앞의 명확하고 이해하기 쉬운 일을 잘 해내는 것이다."

이 구절을 읽고 생각이 확 트이게 된 그는 삶의 희망을 되찾고, 일에 임하는 마음가짐을 다잡았다. 이전까지만 해도 그는 현재의 일에 충실하기보다 미래에 닥칠 어려움을 걱정하느라 에너지를 허비했다. 무엇보다 지금껏 자신의 이런 상태를 깨닫지 못했었다.

어제도 내일도 차단하고 오늘 현재를 살아라

사실 대부분 일이 그렇다. 그 일의 가능성과 희망을 보고 시작하는 것이 아니라, 그 일을 시작했기 때문에 희망이 생긴다. 바꿔 말하자면, 현재를 살아야 삶은 기대할 만한 가치 있는 일이 된다. 그 이후로 그 학생은 더 이상 미래를 걱정하지 않았다. 대신 지금 눈앞에 있는 기회를 놓치지 않는 것, 지금 해야 할 일을 잘 해내는 것에 집중했다. 그 결과 그의 인생에 엄청난 변화가 일어났다. 시간이 흘러 그는 세계적으로 유명한 존스홉킨스 대학교를 설립하고, 옥스퍼드 대학교 의과대학 교수가 되었다. 그가 바로 20세기 의학계의 거장이자, 현대 의학 교육의 선구자인 윌리엄 오슬러 경Sir William Osler이다.

수십 년 후 윌리엄 오슬러는 예일 대학교 강연 때 이런 말을 했다.

"남들은 항상 제가 남다른 두뇌를 가졌다고 말하지만, 사실 그렇지 않습니다. 저를 잘 아는 친구들은 모두 제 두뇌가 지극히 평범하다는 것을 알고 있습니다. 그렇다면 제 성공 비결은 무엇일까요? 인생을 하나의 긴 항해로 본다면 각 개인의 삶은 한 척의 배를 운항하는 것보다 힘들고, 또 훨씬 더 먼 여정을 항해해야 합니다. 그럼 자신의 인생을 안전하게 잘 항해하려면 어떻게 해야 할까요? 그 답은 바로 자기 자신을 관리하고 통제하는 법을 배워 완전히 독립된 오늘을 살아가는 것입니다.

상상해 보세요. 당신은 지금 조타석에 서서 배의 키를 움켜쥐고 있습니다. 그 배의 키는 당신의 인생이 항해하는 방향을 컨트롤합니다. 이때 조타실은 당신의 오늘을 의미합니다. 조타실 주위에 있는 수많은 선실은 당신의 과거와 미래를 의미합니다. 당신은 안전하게 항해하고 싶지만, 주의력은 항상 다른 선실들 쪽으로 흩어집니다. 전방에는 안개, 산호초 그리고 소용돌이가 있습니다. 자칫 잘못하면 항해 방향이 틀어질 수도 있고, 선박이 무언가에 부딪혀 파손될 수도 있습니다. 그렇다면 이 상황에서 당신은 어떻게 해야 할까요? 만약 선박의 선실들을 버튼으로 제어할 수 있다면 그 버튼 하나를 누르면 됩니다. 그럼 철문이 내려와 좌측 선실을 차단할 것입니다. 이는 이미 지나간 어제를 차단하는 것입니다. 그다음 또 다른 버튼 하나를 누르십시오. 그럼 이번에도 또 철문이 내려와 우측 선실을 차단할 것입니다. 이는 아직 오지 않은 내일을 차단하는 것입니다.

자, 이제 당신은 조타실을 완전히 장악하게 되었습니다. 당신은 '오늘'을 장악했기 때문에 더는 어제를 후회하지도, 내일을 걱정할 필요도 없습니다. 당신은 비로소 오늘의 항해에 전념할 수 있게 되었습니다."

이것이 바로 윌리엄 오슬로가 제시한 '개인의 독립된 오늘'이라는 개념이다. 이 개념은 오늘에 집중하고 현재를 살아야 한다는 메시지를 상기시켜 준다.

내게는 어렸을 적부터 함께 자란 소꿉친구가 있다. 우리는 대학 진학 이후 연락이 끊겼다. 그러던 어느 해, 명절을 보내려고 고향에 내려갔다가 그녀와 다시 연락이 닿았다. 몇 년간 못 본 사이, 그녀의 눈가에는 주름이 져 있었으며 몸도 후덕해져 있었다. 그녀는 더 이상 예전의 그 아름다운 소녀가 아니었다.

어쨌거나 어린 시절을 함께했던 친구 사이여서 순식간에 어색함이 사라졌다. 그녀는 지난 몇 년간 이런저런 일을 겪으며 느꼈던 좌절감을 털어놓았다. 그녀의 연애 상대는 번번이 쓰레기 같은 남자였다. 게다가 성급한 결혼과 이혼으로 집안은 풍비박산이 났다. 당연히 하는 일도 순조롭지 못했다. 그녀는 씁쓸한 미소를 지으며 말했다.

"영화 속에 나오는 최면술사를 찾아가 과거의 모든 일을 지우고 새 삶을 다시 시작하게 해달라고 말하고 싶어."

그녀는 지금 자기 자신을 '과거'와 '미래'라는 거대한 두 바위 사이에 가둬두고 그 사이에서 옴짝달싹하지 못하고 있었다.

과거는 결국 지나가게 되어 있다. 우리가 아무리 힘들어한다 해도 지나간 과거는 바뀌지 않는다. 마찬가지로 미래는 아직 오지 않았다. 그러니 아무리 걱정해도 미래를 내 뜻대로 흘러가게 할 수 없다. 그런데도 굳이 바꿀 수 없는 일로 마음 졸이며 불안해할 필요가 있을까? 그럴 바에는 과거와 미래에 대한 불안을 내려놓고 온전한 오늘 하루를 보내자. 그리고 모든 지혜와 열정을 끌어모아 오늘 하루를 멋지게 살아보자. 그런 당신이라면 아픈 과거로부터 금방 벗어날 수 있을 것이고, 당신의 미래도 결코 어둡지 않을 것이다.

Part 2

다른 사람들과 어울리려고
너무 애쓰지 마라

끼워 맞추기보다
나를 찾아오게 만들어라

우리는 다양한 사람들과 서로 다른 사회 집단에 속해 살아간다. 나에게는 내가 속한 사회 집단이 있다. 각 사회 집단 간에는 보이지 않는 경계와 규칙이 있다. 만약 당신이 어떤 사회 집단에 속한 사람들과 공통점이 없다면 그 집단에 끼지 못하는 것은 물론이고, 그 안에서 지켜야 할 규칙과 넘지 말아야 할 선을 이해하기가 어렵다.

성희는 인사팀에 새로 입사한 사무 보조원이다. 출근 첫 날, 인사 팀장은 그녀에게 "인사 업무는 전문성이 필요한 일이니 이 일을 잘하려면 인간관계를 잘 다룰 줄 알아야 한다."라고 당부했다. 성희는 인사 팀장의 말을 깊이 새겨들으며 동료들과 좋은 관계를 유지하려고 노력했다. 그래서 그녀는 사람들이 모여 있는 자리만 보이면 대화 주제가 무엇이든지 어떻게든 그 틈에 끼어 어울리려고 했다. 물론 처음에는 다들 흔쾌히 그녀와 이야기를 나눴다. 하지만 시간이 지남에 따라 동료들 모두 그녀와 대화할 때 짜증을 내는 등 점점 무성의한 태도로 변하기 시작했다.

어느 날 점심시간 때 일이다. 몇몇 사원들끼리 휴게실에 모여 요즘 한창 인기 많은 온라인 배틀 게임에 대해 이야기를 나누고 있었다. 그때 동선, 컨트롤, 전술, 센터 등 게임 용어들이 성희의 귀에 들어왔다. 그녀는 그 용어들을 온라인에서 본 적은 있지만, 각각의 용어가 뜻하는 의미는 전혀 몰랐다. 그러나 막상 동료들이 화기애애하게 이야기하는 모습을 보니 그들이 나누는 대화에 끼어들고 싶어졌다. 결국 그녀는 억지로 동료의 말을 중간에 끊고 대화에 끼어들었다.

일단 그녀는 자신의 게임 취향부터 이야기했다. 동료들이 게임 안에서 어떤 포지션을 좋아하느냐고 묻자 말을 얼버무리며 간신히 넘어갔으나, 문제는 그다음이었다. 게임

중 민폐를 끼치는 멤버 때문에 화가 나는 상황을 두고 모두가 열변을 토하고 있었다. 그때 성희가 불쑥 이렇게 말했다.

"그 사람은 여자니까 이해해 줘야지. 괜찮은 아이템이 있으면 양보해 주고, 적의 습격을 받는 위기 상황이 오면 대신 막아 주기도 해야지."

그녀가 말을 끝내자마자 대화 분위기는 순식간에 냉랭해졌다. 아무도 그녀의 말에 대꾸하지 않았으며, 몇몇 동료들은 노골적으로 눈살을 찌푸렸다. 성희는 자신이 뭘 잘못했는지 깨닫지 못하고 갑자기 싸늘해진 분위기에 눈치만 봤다. 그렇게 한참 동안 침묵이 흘렀다. 성희가 애써 미소를 지으며 다시 말을 꺼내려던 찰나, 동료들은 약속이라도 한 듯 하나둘씩 휴게실을 떠났다.

성희는 마지막에 나가던 여사원을 붙잡아 분위기가 싸늘해졌던 이유를 물었다. 그 여사원은 마지못해 이유를 말해 줬다.

"게임에서 이기고 싶은 마음은 누구나 다 같아. 같은 팀끼리는 경쟁 관계가 아니지만, 그렇다고 해서 특별히 누군가를 봐주고 양보해 주는 경우는 없어. 게다가 아까 말한 배틀 게임에서는 가장 실력이 좋은 에이스한테 자원을 집중적으로 몰아 줘야 해. 왜냐하면 그 사람이 마지막까지 팀을 승리로 이끌어 줄 사람이니까. 게임 안에서는 아무도 '나는 여자니까'라는 이유로 특별한 배려를 바라지 않아. 누구든 게임에서 이기고 싶은 마음은 똑같을 테니까."

그녀의 말대로라면 성희는 좀 전에 게이머들 사이에서 '최악의 비매너'로 꼽히는 두 가지, 무책임함과 팀의 경험치를 깎아 먹는 행동을 두둔한 셈이다.

위 일화는 우리 일상에서 일어나는 여러 상황 중 하나에 불과하다. 사람은 끼리끼리 모이고 어울린다. 현인들은 몇천 년 전에 이미 이러한 인간관계의 기본 원칙을 통찰했다. 사람은 일평생 수많은 사람을 사귀고 수많은 일을 겪게 된다. 우리는 낯선 분야의 사람을 만나면 그들이 속한 집단에 호기심을 느낀다. 그리고 그 호기심은 그 집단 속으로 파고들어 더 많은 것을 알고 싶은 욕구로 이어진다. 하지만 그들에게 다가서는 순간 깨닫는다. 우리가 아무리 어울리려 해도 그 집단에 진정으로 융화되기 어렵고, 우리가 효과적이라 생각했던 방법도 그들의 눈에는 웃음거리가 될 수 있음을 말이다. 이러한 불협화음 속에서 우리는 무엇을 더 얻을 수 있을까? 더 많은 의문점과 불쾌감 외에는 얻을 것이 아무것도 없다.

그런데도 굳이 그 집단에 융화되려고 노력할 필요가 있을까?

사실 우리에게는 아무 잘못이 없다. 특정 집단 내의 한 개인과 교류하는 것 또한 아무 문제가 되지 않는다. 하지만 하나의 사회 집단 안에는 그 안에서 지켜야 할 규칙과 넘지 말아야 할 선이 존재한다. 단순히 호기심 때문에 그 규칙과 선을 무시한다면 당연히 좋은 결과를 기대하기 어렵다.

세상은 넓고, 이 넓은 세상에는 다양한 사회 집단이 있다. 일부러 특정 사회 집단에 융화되려고 애쓰지 마라. 나와 맞지 않는 집단에 나를 억지로 끼워 맞추려 하기보단, 그 시간에 자신을 단련해서 그들이 나를 찾아오게 만들어라.

피상적인 관계일수록
말을 최대한 아껴라

회식에서 있었던 일이다. 갓 졸업한 한 여성이 술자리에서 눈에 띄게 요란스러웠다. 그녀는 주변 사람들을 '오빠', '언니'라고 부르며 살갑게 굴었다. 술자리가 무르익으니 대화의 주제도 점점 다양해졌다. 그녀는 회사 상사에 대한 몇 가지 정보를 물어보았다. 물론 상사의 사적인 부분에 대한 질문은 아니었다. 그래서 사람들은 크게 개의치 않고 답해 주었다. 어쨌든 상사에 대한 기본 정보를 알고 있으면 앞으로 일할 때 도움이 되리라 생각해서였다.

아마도 내가 이런저런 조언을 잘해 줄 것처럼 보였는지, 그녀는 내게 술을 따라 주며 회사 급여에 관해 묻기 시작했다. 나는 급여와 같은 대화 주제는 굉장히 사적인 영역이고, 그녀와 내가 나눌 수 있는 대화 범위에서 한참 벗어났다고 판단되어 대답을 거절했다. 그런데 그녀는 내가 인색하다고 생각했는지 입을 삐쭉거렸다.

사실 이건 내가 인색해서 생긴 상황이 아니다. 나와 그녀는 이제 막 만난 사이가 아닌가. 나는 그저 그녀가 어떤 사람인지, 무슨 목적으로 그 질문을 했는지 모르는 상황에서 쉽사리 나의 사적인 부분을 공개할 수 없었던 것뿐이다. 만에 하나 내 얘기가 상사의 귀에 들어가기라도 한다면 그때 가서 누구를 탓하겠는가.

대개 회사에서는 급여 비밀 유지 의무가 있다. 사원끼리 서로 급여를 공개하면 혼란이 야기될 수 있기 때문이다. 그렇게 되면 직원들은 저마다 불만을 품을 수 있고, '열심히 일하면서 돈은 적게 받는다'는 생각을 하게 될 것이다. 만약 당신이 회사 비밀을 누설했는데 그것을 상사가 알게 된다면, 상사는 그런 당신을 앞으로 어떻게 생각하겠는가.

명심해라. 인간관계에서 서로를 잘 알고 이해하는 사이가 아니라면 사적인 대화는 가급적 피하는 것이 좋다. 괜한 오해와 구설을 자초하지 마라.

우리 인생 곳곳에 지뢰가 숨어 있다

어느 한 여자의 이야기다. C 여성은 어느 유부남에게 기만을 당하고, 그 남자의 아이까지 낙태했다. 그로 인해 그녀의 몸은 쇠약할 대로 쇠약해졌다. 같은 팀 내 맏언니는 C의 얼굴이 창백해진 모습을 보고 그녀에게 도시락을 몇 번 싸 주었다. C는 이를 진심으로 고마워했고, 그 언니를 자신의 둘도 없는 친구라고 여겼다. 그래서 자신에게 있었던 일들을 그녀에게 모두 털어놓았다. 그런데 뜻밖의 일이 생겼다. 며칠 후 C의 이야기가 회사에 퍼진 것이다. 그로 인해 C는 사람들 사이에서 '내연녀'로 찍히게 되었다. C는 그 언니를 찾아가 따져 물었다. 하지만 그녀는 "난 그저 별생각 없이 한 이야기였어. 다른 애들한테도 절대 말하지 말라고 당부했다고! 탓할 거면 걔네를 탓해."라고 말하며 도리어 발끈했다.

C는 그녀를 진정한 친구라고 생각하고 비밀을 털어놓은 것인데, 결과적으로는 그 비밀이 모두에게 까발려졌고 그로 인해 사람들의 따가운 눈초리까지 견뎌야 했다.

공자는 과거에 이런 말을 했다. "상대방에 대해 잘 모르고 말한다면 그것은 실언이다." 이 말은 '만약 상대가 나와 잘 아는 사이가 아 닌, 또는 서로 친밀한 사이가 아님에도 순간적인 감정으로 그 사람 에게 숨김없이 속내를 다 털어놓는다면, 그것은 실언을 한 것과 다 름없다'라는 뜻이다. 그리고 실언의 대가는 C의 일화가 여실히 보여 줬다.

친하지 않은 사람에게 자신의 사적인 비밀을 경솔하게 말하는 행 동은 자기 자신을 곤란하게 만들 수 있고, 그로 인해 위험한 상황에 노출될 수도 있다. 또 한편으로는 상대 역시 나의 사적인 이야기를 듣기 불편해하고 전혀 공감하지 못할 수 있다.

우스운 일화가 하나 더 있다. 모 남성은 회사에 새로 온 여직원이 너무 예뻐서 그녀에게 자주 친한 척을 하며 자신의 속마음을 있는 그대로 꺼내 보였다. 어느 날, 그는 사장이 들어오는 모습을 보며 조 용히 그 여직원에게 속삭였다.

"저기 사장님 좀 봐요. 뚱뚱하고 머리도 벗겨졌는데 쪼잔하기까지 하다니까요. 누가 저런 남자한테 시집가겠어요."

그런데 뜻밖에도 여직원은 이렇게 말했다.

"저요. 제가 저 사람 와이프예요."

이 남성의 결말은 불 보듯 뻔하리라. 인간관계에는 여러 가지 요 인들이 복잡하게 얽혀 있기 때문에, 때로는 무심코 내뱉은 말조차 상대방을 자극할 수 있다. 그러니 상대방에 대해 충분히 알지 못한다면 언행을 조심해야 한다. 우리 인생 곳곳에는 '지뢰'가 숨어 있다. 당신이 상처받아 본 적이 없는 것은 당신에게 '지뢰를 피할 수 있는 감지 능력'이 있어서가 아니다. 그저 아직 지뢰를 밟지 않은 것뿐이다.

나이 들수록 사람 사귀기가 힘든 이유

나이를 먹을수록 친구 사귀기가 어렵다. 어른이 되면 자신을 보호하려는 본능 때문에 마음을 단단히 무장한다. 누군가와 가까워지려면 마음을 무장 해제해야 하는데, 그러면 무방비 상태가 되어 다른 사람에게 쉽게 상처받을 수 있다. 사회에서 가까이 지내는 사람이 몇 되지 않는 이유다.

사람들은 대개 어린아이를 예민한 존재라고 생각하지만, 성인은 그보다 더 예민하다. 친하지 않은 한 이성 동료의 결혼생활에 문제가 생겼다고 불쑥 나서서 "무슨 일 있어? 부부끼리는 서로 많이 감싸 줘야 해."라고 말하지 않는다. 이런 말을 듣고 기분 좋을 사람은 아무도 없을 것이다.

다들 한 번쯤은 나를 잘 모르는 이들에게 내 사적인 이야기를 해야 하는 고충을 겪어 봤을 것이다. 가령 매년 명절이 되면 가까운 친지부터 사돈의 팔촌까지 당신에게 이렇게 물을지도 모른다. "너는 언제 결혼하니?", "애는 언제 낳을 생각이니?", "한 달에 얼마나 버니?", "집은 언제 살 거니?" 등. 이런 질문들은 우리를 매번 지치게 만든다. 분명 나와 감정적으로 돈독한 사이가 아닌데도, 그들은 한사코 우리의 사생활을 알고 싶어 한다.

친지가 이러면 기껏해야 잠깐 피곤하고 말겠지만, 직장에서는 그리 간단히 끝나지 않는다. 그러니 별로 친하지도 않은 사람이 갑자기 당신 앞에서 남의 잘못이나 비밀을 이야기한다면 오히려 그 사람을 경계할 필요가 있다. 아울러 그 사람이 나한테 왜 이런 말을 하는지, 무슨 목적이라도 있는 것인지 따져 봐야 한다.

두 마리의 고슴도치가 서로를 찌르지 않고 함께 온기를 나누려면 수차례 각자의 위치를 조정하며 거리를 둬야 하듯 사람과 사람의 관계 역시 마찬가지다.

친하지도 않은 이에게 나의 사생활을 말해야 하는 상황을 피하고 싶다면 이 두 가지만 기억해라. 만약 상대와 감정적으로 친밀한 사이가 아니라면, 입을 꾹 다물고 말을 아껴라. 또 만약 친한 사이가 아닌데 상대가 자신의 사적인 이야기를 나에게 꺼내려 한다면 그 사람과 거리를 두면 된다.

과시하는 사람 옆에는
친구가 없다

　온라인에 '어떤 유형의 SNS 친구가 제일 꼴 보기 싫은 가?'라는 질문이 올라와 많은 댓글이 달린 것을 본 적이 있 다. '좋아요'를 많이 받은 답변은 결국 하나로 귀결되었다. '관종', 즉 과시하는 사람이었다.

　내 SNS에도 이런 유형의 사람이 있다. 바로 린다다. 나 는 그녀가 운영하는 모바일 상점에서 아기자기한 잡화를 종종 구매하면서 그녀를 알게 됐다. 나는 결제를 좀 더 편 하게 하고 싶어 SNS 채팅방에서 그녀의 계정을 찾아 친구로 추가했다.

때는 추석 전후쯤이었다. 그때부터 그녀는 매일 최소 여덟 번 정도 자신과 약혼남의 유럽 여행 사진을 공유했다. 새로운 장소에 갈 때마다 그녀의 계정에는 비행기 표, 주변 풍경, 호텔, 음식 그리고 셀카가 올라왔다. 그녀가 공유하는 사진 중에는 셀카 사진이 제일 많았다. 한 프레임 안에 여러 이미지를 합친 사진은 한 번 올리는 것으로 모자라 연속으로 두세 번씩 올렸다. 그녀는 옷차림에 상관없이 매번 하얀 면사포를 머리에 쓰고 사진을 찍었다. 나는 사진을 통해 그녀의 결혼이 곧 임박했음을 짐작했다.

처음에는 나 역시 축복하는 마음으로 매일 그녀가 도배하는 사진들을 지켜봤고, 사진에서도 결혼을 앞둔 신부의 떨리는 마음이 느껴졌다. 그렇게 20여 일이 지난 뒤 드디어 그녀의 결혼식 날이 되었다. 결혼식이 끝나면 나의 피드도 다시 잠잠해지리라 생각했으나, 그것은 순진한 착각이었다.

웨딩 촬영 때는 일주일 내내 매일 최소 10장에 달하는 사진이 올라왔다. 그뿐 아니라 그녀는 여러 이미지를 레이아웃한 사진과 배경 음악을 삽입한 짧은 동영상도 함께 올렸다. 결혼 전에 친구들과 만날 때도 사흘 연속 매일 최소

5장 이상의 사진을 올렸다. 예식장을 찍은 짧은 영상도 하루에만 네다섯 번씩 올렸다. 그리고 대망의 결혼식 당일, 그녀는 일주일 내내 예식 사진으로 자신의 피드를 도배했다. 이렇게 그녀의 사진이 도배되는 상황이 꼬박 40여 일간 이어졌다. 이제는 그녀의 결혼을 축하하는 마음은 고사하고, 마지막 남은 내 인내심마저 바닥나 버렸다.

내 주변을 보아도 남에게 과시하기를 좋아하는 이들은 대체로 친구가 별로 없다. 누군가는 돈을 자랑하고 싶어서, 또 누군가는 학벌을 자랑하고 싶어서, 혹은 행복을 자랑하고 싶어서 과시한다. 하지만 과시하려는 이유가 아무리 타당해도, 과시하는 행위 자체는 배타적이다. 그런 사람을 어찌 좋은 인연으로 곁에 둘 수 있겠는가.

사람들은 '관종'을 좋아하지 않는다. 사람들이 관종에 거부감을 느끼는 이유는 그들이 너무 지나치게 자신을 과시하기 때문이다. 마치 '너희들에게는 없고 나한테만 있는 거야'라는 뉘앙스로 우월감을 표출하는 태도 때문에 이를 지켜보는 사람은 자신이 '하찮은 존재'가 된 것 같은 느낌을 받는다.

한마디로 과시하는 행동의 이면에는 '내가 너보다 낫다'라는 생각, 남을 무시하고 존중하지 않는 태도가 깔려 있다.

사람과 사람 사이의 감정은 서로 주고받는 것이다. 그래서 좋아하는 감정이든 싫어하는 감정이든, 상대에 대한 어떤 감정이 내 마음 속에서 생기면 상대도 반드시 그것을 느끼게 된다. 좋은 인연은 서로에 대한 호감에서 만들어진다. 어느 누가 자신을 무시하는 사람을 좋아할까? 그러니 좋은 인연을 얻고 싶다면 남을 존중하고 자신을 내세우지 않는 태도를 보여야 한다.

의미 없는 인간관계에
시간을 쏟지 마라

D군은 동창들이 모여 있는 단체 채팅방 안에서 피곤한 사람으로 통했다. 채팅방에서 누가 말을 꺼내든 화제를 꼭 자기 쪽으로 돌렸다. 소재는 주로 자신이 소개팅한 이야기 였는데, 소개팅 자리에 나온 여자들이 '너무 속물적이다', '남자의 정신세계를 이해하지 못한다'는 등의 불만이었다. 사실 그는 차도 없고, 집도 없고, 월급마저 족족 다 써버리 는 '탕진족'이다. 그러니 그가 말하는 정신세계란 뮤지컬 보러 가기, 전시회 가기, 명품 옷을 걸치고 소개팅 나가기

등에 지나지 않는다. 물론 D군이 책도 많이 읽고 고상한 취미 생활을 즐기는 것은 사실이다. 한번은 채팅방에서 자신이 수집한 오래된 오디오를 자랑하기도 했다.

친구들은 그런 그를 타이르며 말했다. "서른이면 독립할 나이야. 매일 놀 생각만 하지 말고 목표를 갖고 살아야 해. 나중에 아내와 자식을 어떻게 책임지려고 해." 그러면 그는 오히려 "너희들은 어쩜 그렇게 속물적이니. 머릿속에 온통 돈 벌 생각밖에 없구나."라고 비난했다. 그리고 다른 사례를 들어가며 자기 생각이 옳다는 것을 증명하려고 했다.

이런 이유들 말고도 채팅방은 매번 D군 때문에 소란스러웠다. D군은 모르는 게 없는 만물박사였는데, 그만큼 논쟁에서만큼은 D군을 이길 자가 없었다. 채팅방 안에서 D군과 말싸움이 붙은 상대들은 하나같이 화가 잔뜩 나 있었다. 분위기는 그야말로 초강력 태풍이 한차례 휩쓸고 지나간 것처럼 삭막했다. 이런 상황에서 D군은 오히려 태연하게 반응했다.

"나는 아무렇지도 않은데 너희들은 뭐 때문에 화가 난 거야?"

친구들은 점점 D군이 하는 말에 짜증을 냈지만 그는 친구들의 그런 반응을 오히려 즐기는 듯했다. 그는 수시로 단체 채팅방에 자신과 소개팅한 여자의 사진을 올리며 친구들에게 의견을 물었다. 시간이 지남에 따라 친구들은 D군을 '구제 불능'으로 받아들였다.

끝내 채팅방 안에 있던 친구들은 합의라도 한 듯 누구도 D군이 하는 말에 대꾸하지 않았다. 그렇게 한동안 채팅방이 조용했다. 그러던 어느 날 D군이 내게 개인 메시지를 보내며, 요즘 어떻게 지내는지 근황을 물었다. 나는 그가 글 쓰는 일에 관심이 있는 줄 알고 그와 대화를 나눴다. 대화를 시작한 지 5분쯤 되었을 때, 그는 뜬금없이 내게 여자 사진 한 장을 보내며 "이 여자 어때 보여?"라고 물었다. 나는 "아직 회의 중이라 다음에 다시 얘기하자."라고 대답한 뒤 더는 대꾸하지 않았다.

이후로도 그는 몇 번이나 내게 연락했지만, 그때마다 나는 핑계를 대며 대화를 피했다. 시간이 더 흘러 우연히 다른 친구와 이야기를 나누다 D군의 이야기를 듣게 되었다. 그들도 나처럼 D군에게 개인 메시지를 받았지만 아무도 그를 상대하지 않았다고 한다.

나비를 따라가는 사람은 향기로운 꽃을 만난다

우리는 모두 성인이고 각자 자기 일만으로도 충분히 바쁘다. 남을 피곤하게 하는 사람에게 소중한 시간을 낭비할 여유가 없다는 얘기다.

살다 보면 종종 남을 피곤하게 만드는 사람들을 만나게 된다. 그들은 의도적이든 아니든 우리의 소중한 일상을 방해하며 부정적 감정을 부추긴다.

한때 나는 이런 부류의 사람들과 대화를 시도하며 그들의 생각을 긍정적으로 바꿔 보고자 노력했지만, 끝끝내 한 번도 성공하지 못했다. 그리고 마침내 한 가지 깨달음을 얻었다. 이런 사람들로부터 나를 지키는 가장 좋은 방법은 바로 '거리 두기'라는 것을.

옛말에 '붉은색을 가까이하면 붉어지고, 검은 먹을 가까이하면 검어진다'라는 말이 있다. 마찬가지로 나비를 따라가는 사람은 향기로운 꽃을 만나게 되고, 파리를 따라가는 사람은 더러운 도랑에만 가게 된다. 부정적인 감정은 쉽게 전염된다. 그렇기에 주변 사람을 피곤하게 만드는 사람을 오랫동안 곁에 두면 당신의 삶도 그만큼 활력을 잃게 될 것이다. 남을 피곤하게 만드는 사람은 끝내 당신을 지치게 만들 것이다.

우리가 타인을 바꿀 수는 없지만, 적어도 누구와 어울릴지는 선택할 수 있다. 우리는 더 나은 내가 될 수 있게 만들어 주는 사람, 긍정에너지를 가진 사람을 곁에 두고 이들과 더 많은 시간을 보내야 한다. 반대로 나의 에너지를 끊임없이 갉아먹는 사람과는 일찌감치 멀어져야 한다.

내 인생에서 중요하지 않은 사람들로부터 멀어져라. 그리고 내 삶의 활력을 소모하는 일들로부터 멀어져라. 그 대신 내 삶에서 중요한 사람, 그리고 중요한 일에 시간을 투자하며 하루하루를 충실히 살아가자. 찬란하게 빛날 나의 인생을 위해!

타인의 마음은
내 마음 같지 않다

　인생은 늘 뜻대로 흘러가지 않는다. 인생을 살면서 오르막을 만나기도 하고 내리막을 걷기도 한다. 그 속에서 항상 누군가가 '짠' 하고 나타나 나를 알아봐 주고, 이해해 주기를 바란다. 또 내가 힘들 때는 나를 위로해 주고, 방황할 때는 나를 일으켜 주길 바란다. 그러나 사람은 누구나 저마다의 고충이 있다. 나에게는 나의 고충이 있듯이, 타인에게도 타인의 고충이 있기 마련이다. 그렇기에 아무리 가까운 사람이라도 그 사람이 나의 고충을 완벽하게 공감하기란 불가능하다.

경신과 준희는 십년지기 절친이다. 고등학교에 입학했을 때부터 두 사람은 세상에 둘도 없는 친구가 되었다. 이후 두 사람은 같은 대학에 입학하고, 함께 고향에 돌아와 직장을 다녔으며, 남자친구를 사귀고 결혼하기까지의 여정을 모두 함께했다. 두 사람은 진심으로 서로를 친자매 이상으로 여겼다. 준희에게 그 일이 일어나기 전까지는.

준희의 엄마가 도박에 빠져 거액의 빚을 지게 되었다. 그녀의 아버지는 집과 차를 팔아 빚 일부를 갚고 준희의 엄마와 이혼했다. 하지만 준희의 엄마는 고마운 마음을 갖기는커녕 남편이 바람이 나 자신을 버렸다며 사방팔방 악의적인 소문을 퍼뜨렸다. 그녀는 부부가 같이 빚을 갚는 것은 당연하며, 애당초 남편이 자신에게 충실했다면 자신이 도박에 빠져 허한 마음을 달래는 일 따위도 없었을 것이라고 떠벌렸다. 그녀의 적반하장은 여기서 그치지 않았다. 준희의 엄마는 준희가 자기 말은 전혀 들어 주지 않았으며, 아빠와 둘이 짜고 엄마인 자신을 괴롭혔다고 우겼다. 또한 준희가 아빠의 외도를 일부러 자신에게 숨겼다는 등 입에 담지 못할 말을 했다.

당시 준희는 국가 공무원 시험을 준비하고 있었다. 그녀는 정신적으로 힘든 상황임에도 필기시험과 면접에서 모두 수석을 했지만, 결국 마지막 시험에서 떨어지고 말았다. 게다가 결혼 이야기가 오갔던 남자친구와도 상대방 부모님의 강한 반대로 헤어지고 말았다. 준희의 일상은 한순간에 나락으로 떨어졌다.

한동안 모진 풍파를 겪은 뒤 준희는 자신의 능력으로 삶을 꾸려 나가며 조금씩 활기를 되찾아 갔다. 그때 준희의 엄마가 그녀를 찾아와 자신의 빚을 갚아 달라고 요구했다. 준희는 엄마를 도저히 용서할 수 없었다. 게다가 빚의 액수도 너무 커서, 평생을 갚아도 다 갚지 못할 것 같다는 생각이 들었다. 결국 그녀는 엄마의 부탁을 거절했다.

이 일을 경신이 알게 됐다. 경신은 준희에게 전화를 걸어 자식으로 그건 불효를 저지르는 것이라며 나무랐다. 준희는 너무나 큰 충격에 빠졌다. 정녕 이게 자신과 10년이 넘는 세월을 함께한 절친이 할 소리인가? 준희는 분하면서 서운한 마음이 들었다. 그녀는 충격과 상심이 큰 나머지 경신과 연락을 끊었다.

이 슬프고 안타까운 결말은 사실 처음부터 예정된 운명이었다. 두 사람이 친자매처럼 지낼 수 있었던 이유는 서로에게 '나의 모든 것을 이해해 줄 사람'이라는 큰 기대를 품고 있었기 때문이다. 그러다 상대가 나를 온전히 이해하지 못하는 모습을 보니 서운함과 원망이 폭발한 것이다. 실상 절친한 친구 사이뿐 아니라 부모와 자녀, 부부 사이에도 오해는 늘 생기기 마련이다. 또한 어떤 사이든 서로를 완벽하게 이해한다는 것은 불가능하다.

그러니 여리디여린 마음은 접어 두길 바란다. 다른 이가 나를 온전히 이해해 주기를 기대하지 마라. 다만 완벽히 이해하지는 못해도 상대방의 관점에서 헤아려 보려는 시도는 좋은 생각이다.

인생은 쉽지 않다. 사람은 누구나 저마다의 행복과 불행을 안고 살아간다. 또 사람마다 자라온 환경도 다르고, 만나는 사회 구성원들도 다르다. 그렇기에 내 입장만을 생각하고 상대가 나를 이해하지 못한다고 비난하는 것은 잘못된 논리다. 당신에게는 고통스러운 일일지 몰라도 타인에게는 그저 엄살로 보일 수도 있다. 그런데도 당신이 고통과 방황, 슬픔과 무기력함을 느낄 때 누군가가 당신을 안아 주고 위로해 준다면, 혹은 하던 일을 멈추고 당신의 이야기에 귀 기울여 준다면, 당신은 이미 인생의 큰 행운을 만난 것이나 다름없다. 그런데도 굳이 상대가 나의 모든 걸 이해해 줄 수 있는지 고민할 필요가 있을까?

돈 쓰는 것보다 어려운
마음 나누기

현대 사회의 생활 리듬은 갈수록 빨라지고 있다. 그리고 많은 이들이 습관적으로 모든 것을 돈으로 해결하려고 한다. 돈으로 유흥을 즐기고, 돈으로 인맥을 쌓고, 돈으로 사람을 사서 일을 처리한다. 그런 사람들을 보면 마치 돈을 많이 써야지만, 돈을 빨리 지불해야만 모든 일의 주도권을 장악할 수 있다고 생각하는 것 같다. 하지만 이들이 놓치고 있는 아주 중요한 이치가 있다. 진심으로 베푼 마음은 반드시 돌아온다. 그리고 돈을 쓰는 것보다 더 중요하고 가치 있는 일이 바로 마음을 나누는 것이다.

친구가 대학에서 학생회 회장을 맡았을 당시 '영숙'이라는 친구의 이야기를 들려주었다. 영숙은 당시 갓 대학에 입학한 신입생이었다. 유복한 집안에서 태어난 그녀는 어려서부터 공주 대접을 듬뿍 받았으며, 갖고 싶은 것은 무엇이든 가질 수 있었다. 줄곧 이렇게 자라온 탓에 영숙은 사람을 사귀고 대하는 법을 잘 몰랐다. 역시나 대학에 입학한 지 한 달이 지나서도 대화를 나눌 친구가 단 한 명도 없었다.

영숙의 엄마는 마음이 조급해졌다. 그녀는 딸에게 친구를 만들어 주려고 마트와 백화점에서 선물을 잔뜩 사 왔다. 그리고 어느 주말, 차에 선물을 한가득 싣고 영숙의 기숙사를 찾아갔다. 영숙의 엄마는 간식과 화장품을 기숙사 친구들에게 나누어 주며 영숙과 꼭 친하게 지내라고 재차 당부했다.

영숙은 선물 공세를 펼치는 엄마의 모습을 보고 든든한 마음이 들었다. 그녀는 친구들이 엄마가 사 온 선물을 받았으니 앞으로는 자신과 친하게 지내리라 생각했다. 하지만 현실은 그렇지 않았다.

영숙의 엄마가 선물을 나누어 줄 때 그 자리에서 바로 거절한 이는 없었다. 하지만 영숙의 엄마가 돌아간 뒤 누군가는 받은 선물을 몰래 영숙의 책상에 두었고, 다른 누군가는 영숙에게 돈을 송금했다. 또 어떤 친구는 이런저런 핑계를 대며 밥을 사겠다고 했다. 그냥 순순히 선물을 받은 친구도 처음 며칠간은 수시로 연락하더니 나중에는 다시 예전처럼 서먹한 사이로 돌아갔다.

영숙은 결국 감정이 폭발해 버렸다. 그녀는 친구들에게 따져 물었다.

"비싼 선물이 아니어서 마음에 안 들었어? 그래서 나랑 친하게 안 지내는 거야?"

한바탕 소란이 있고 난 뒤 선물을 받았던 친구마저 서둘러 선물을 되돌려 주었고, 그 친구 역시 영숙과 거리를 두었다.

영숙은 화가 나면서도 마음이 너무 괴로웠다. 그래서 내 친구를 찾아가 도움을 청했다. 내 친구는 영숙에게 친구를 사귀고 대할 때 지켜야 할 중요한 한 가지, 바로 '진심이 담긴 태도'에 대해 차분히 일러 주었다. 영숙은 그녀의 말을 알 것도 같고 모를 것도 같은 느낌이 들었다.

그날 이후 영숙은 의식적으로 자신의 몸에 밴 공주병 기질을 감추려고 노력했다. 대화할 때는 상대방의 말을 중도에 끊지 않고 경청하고, 함께 밥을 먹을 때는 상대의 입맛을 존중해 주었다. 이뿐만 아니라 기숙사에서 노래를 들을 때는 소리가 울리지 않게 주의를 기울였으며, 친구에게 어려운 일이 생기면 자발적으로 나서서 도움을 주었다. 그 결과 2주도 채 지나지 않아 영숙은 기숙사 친구들과 완전히 어우러졌다. 내 친구는 영숙의 변화를 진심으로 기뻐했다.

이 일화에서 보았듯이 돈이 중요한 것은 맞지만, 그렇다고 돈이 제일 중요하지는 않다. 마음은 사람과 사람의 관계가 만들어지는 시작점이다. 상대가 당신의 진심을 확실하게 느낀다면 상대방도 그만큼 당신에게 진심으로 보답할 것이다.

지갑을 열기 전에 진심을 표현하라

예전에 신문에서 이런 내용을 본 적이 있다. 한 남자가 친구들에게 초대를 받아 식당에서 밥을 먹게 됐다. 식사 분위기는 굉장히 화기애애했다. 그런데 계산할 때가 다가오니 친구들이 제각기 이유를 대며 하나둘씩 자리를 뜨더니 돌아오지 않았다. 혼자 남게 된 남자는 식당 안을 여기저기 찾아봤지만, 누구 하나 보이지 않았다. 게다가 전화기마저 모두 꺼져 있었다. 식당 주인이 경찰에 신고하려 하자 남자는 하는 수 없이 자신의 부모님께 연락해 돈을 송금받은 뒤 음식값을 계산했다.

사실 이는 친구들이 꾸민 장난이었다. 그런데 사건의 경위를 알고 보니 많은 생각이 들었다. 그 남자는 평소 자신이 밥을 사겠다며 친구들을 부르는 일이 잦았다. 그런데 결제할 때가 되면 취한 척하며 도망쳤고, 그 바람에 매번 음식값은 친구들이 지불해야 했다. 친구들은 말로만 한턱내겠다고 소리치고 정작 음식값은 자신들에게 떠넘긴 그를 괘씸하게 여겼다. 그리하여 다 같이 작당해 이 남자를 골려 준 것이다.

사실 밥 한 끼 값이 비싸면 얼마나 비싸겠는가. 친구들은 제 돈으로 밥값을 내서 화난 게 아니라, 그 남자의 심보에 화가 난 것이다. 만일 금전적으로 어려움이 있어서 밥값을 낼 수 없는 상황이라면 친구에게 솔직하게 말하면 될 일이다. 또 금전적으로 어려움이 없다 해도 그냥 어떤 날은 친구한테 밥 한 끼 얻어먹고 싶을 수도 있다. 친구 사이에 이 정도는 큰 문제가 되지 않는다. 하지만 그 남자는 친구들을 기만했기 때문에 미움을 산 것이다. 물건에 대한 대가는 돈을 지불하면 그만이다. 하지만 마음을 나누고 진심을 표현하는 것은 그 사람의 인격을 드러내는 일이다. 결국 그 남자가 친구들로부터 음식값을 덤터기 쓰게 된 것은 스스로 자초한 결과다. 왜냐하면 그가 친구를 대하는 태도에는 진심이 조금도 없었기 때문이다.

인생은 아주 길다. 긴 인생에서 우리는 다양한 사람들을 만나게 된다. 하지만 시간이 흐르면 서로에게서 멀어지고 잊히는 이들이 대부분이고, 진심을 나누는 사람은 지극히 드물다. 그만큼 사람과 사람 사이에서 진심은 그 무엇보다 귀하고 값진 보물이다. 진심이 있어야 상대방의 믿음과 인정을 얻을 수 있다. 그러니 지갑을 열기 전에 먼저 진심을 표현해 보자.

Part 3

'선'을 지키면
인간관계가 편안하다

관계의 '선'을 지켜야
호감을 얻는다

중국의 철학자 저우궈핑周國平은 이렇게 말했다.

"모든 관계에는 절대 넘지 말아야 할 마지노선이 존재한다. 사람과 사람 사이에 이 마지노선이 불분명할 수는 있으나, 존재하는 것은 확실하다. 인간관계로부터 오는 모든 스트레스와 갈등은 무심결에 이 관계의 마지노선을 넘었을 때 시작된다."

나는 이 말에 격하게 공감한다. 사람과 사람 간의 관계는 아주 오묘하다. 표정 하나, 말 한마디로도 서로의 관계에 영향을 끼칠 수 있으니 말이다. 게다가 성인은 아이들처럼 모든 생각을 얼굴에 드러내지 않는다. 그래서 어느 날 갑자기 친했던 사람과 소원해지고, 살가웠던 관계가 한순간에 끊겨도 그 이유를 알 수 없을 때가 있다. 심지어 상대는 영영 내게 진짜 이유를 알려 주지 않을 때도 있다. 이런 경우 상대가 별나다고 탓하기 전에 한번 생각해 보자. '혹시 내가 관계의 선을 넘은 것은 아닐까?'

심리학에는 '안전거리'라는 개념이 있다. '안전거리'란 스스로 안정감을 느끼기 위해 타인을 밀어내는 거리를 말한다. 이 거리 안에는 오직 나 자신만 존재할 수 있다. 그런데 타인이 이 거리 안으로 침범하면 상대에게 반감이 드는 것은 물론이고, 긴장감이나 도피하고 싶은 심리를 느끼게 된다. 만약 두 사람이 서로 친한 사이가 아니라면 신체적으로 안정감을 느낄 수 있는 거리는 약 80센티미터 정도다. 즉, 심리적으로 안정감을 느낄 수 있는 거리는 타인의 사생활을 침범하지 않는 동시에 나의 결정권을 타인에게 침해받지 않는 상태를 의미한다.

안전거리를 넘어오지 마

진혜는 굉장히 단순하고, 순수한 친구다. 처음 회사에 입사했을 당시에는 모두가 그녀를 좋아했다. 먹는 것을 좋아하고 잘 웃는 그녀는 딱딱한 사무실 분위기를 밝게 만드는 분위기 메이커였다. 하지만 모두가 그녀에게 잘해 줘서였을까. 그녀는 점점 제멋대로 굴기 시작했다.

어느 날 진혜는 옆 사무실에 갔다가 가볍게 알고 지내던 동료 유진을 만났다. 유진은 이제 막 마트에 다녀와 일할 준비를 하고 있었다. 그런데 진혜가 신난 얼굴로 뛰어와 유진이 막 자리에 내려놓은 봉지 꾸러미를 헤집기 시작했다. 진혜는 "뭐 맛있는 거 없어?"라고 말하며 봉지 안의 물건을 하나둘씩 꺼냈다. 유진은 기분이 살짝 불쾌했지만, 동료끼리 얼굴을 붉히지 않으려면 그녀가 하는 대로 놔둘 수밖에 없었다. 진혜는 계속 중얼거리며 봉지 안을 뒤적였다. 그러고는 기어이 봉지 한쪽 구석에서 작은 비스킷 하나를 찾아냈다. 그녀는 그 비스킷을 그대로 자기 주머니에 넣고 이렇게 말했다.

"서로 잘 아는 사이니까 사양하지 않고 먹을게요."

하지만 유진은 허락하지 않았다.

"그 과자는 내가 제일 좋아하는 맛이에요. 엄청 먼 마트까지 가서 사 온 과자라서 줄 수 없어요."

그런데도 진혜는 계속 졸랐고 유진은 슬슬 짜증이 올라왔다. 결국 유진은 자리에서 일어나 그녀를 막아섰고, 진혜는 그제야 과자를 제자리에 돌려놓았다.

또 다른 동료 선배도 이와 비슷한 일을 겪었다. 우리보다 나이가 한참 몇 살 위인 선배가 프로젝트를 위해 출장을 갔다가 돌아오는 길이었다. 선배가 팀원들에게 고생했으니 음료를 사겠다고 했다. 그러자 팀원이었던 진혜가 카페에서 팔지도 않는 음료를 마시겠다고 고집을 피우는 통에 곤란한 적이 있었다. 그녀는 도통 고집을 꺾지 않았다. 나이가 서른에 가까운데 하는 행동은 어린아이나 다름없었다. 결국 선배는 음료값을 그녀에게 이체해 주고 상황을 마무리 지었다.

결국 두 번의 사건 이후로 사람들이 진혜에게 가졌던 호감이 전부 비호감으로 돌아섰다.

허락받지 않고 남의 물건을 뒤지는 행동, 상대가 안 된다고 말했음에도 이를 무시하고 남이 돈 주고 산 물건을 가져가는 행동, 이성 동료가 기혼이든 미혼이든 상관없이 애교 부리는 행동, 때와 장소를 무시하고 상사를 곤란하게 만드는 행동 등 이 모든 것이 '관계의 선'을 무시한 행동이다.

'관계의 선'을 지키지 못하는 사람들은 자기중심적인 사고가 기저에 깔려 있어 무슨 일이든 제 뜻대로 되어야 직성이 풀린다. 이들은 누군가로부터 얻어내고, 명령하고, 통제하고 싶어 한다. 타인에 대한 배려심이 없고 타인의 생각을 경청하거나 상대의 기분을 헤아리는 법이 없다. 그러나 누구나 자신만의 생각과 원칙을 갖고 산다. 그러니 상대가 매 순간 나에게 맞춰 줘야 할 의무는 없다.

사람이 가질 수 있는 가장 큰 악의는 바로 자기 생각을 남에게 강요하는 것이다. 진혜처럼 자신이 좋아하는 방식을 남에게 강요하는 사람, 상대가 거절 의사를 비치고 불편한 감정을 표현해도 아랑곳하지 않는 사람, 이런 사람에게 누가 호감을 느끼겠는가.

'관계의 선'을 지킬 줄 아는 것은 우리가 인간관계에서 배워야 할 지혜다. 타인이 다정하게 대해 주길 원한다면 먼저 진심을 다해라. 타인이 존중해 주길 원한다면 먼저 예의를 다해라. 타인의 호감을 얻고 싶다면 반드시 관계의 선을 지켜라.

부정적 에너지가
몰고 오는 무서운 결과

사람의 감정은 놀랍도록 건물과 비슷하다. 건물을 세우는 것은 복잡하고 어려운 과정이며, 세세한 부분까지 주의를 기울여야만 완성할 수 있다. 반면, 건물을 무너뜨리는 일은 굉장히 간단하고 쉽다.

사람의 감정도 마찬가지다. 우리는 밝고 활기찬 마음을 유지하려고 노력하지만, 항상 즐거운 감정 상태를 유지한다는 것은 결코 쉽지 않다. 더욱이 감정은 한 번의 충격만으로도 쉽게 무너질 수 있다. 부정적 에너지, 그것이 바로 우리의 감정을 허물어뜨리는 주범이다.

어쩌면 당신 주변에도 이런 사람이 있을 수 있다. 그들은 끊임없이 불평한다. 사회의 불공정함, 상사의 무능함, 동료들과의 거리감, 배우자의 무심함, 자녀의 반항 등 그들에게는 불만이 산더미처럼 쌓여 있다. 설령 실제 상황이 그들이 생각한 것만큼 심각하지 않아도, 그들은 항상 부정적인 방향으로만 생각하는 경향이 있다. 하지만 이런 태도가 계속 반복된다면, 자녀는 그들의 말 한마디에도 짜증을 내고, 배우자는 그들의 모습만 봐도 화가 나서 대화를 피하게 될 것이다. 마찬가지로 동료들도 그들을 피하려 들 것이고, 상사 역시 그들의 모습만 봐도 짜증이 날 것이다. 이렇게 되면 사회생활은 점점 더 고달파질 수밖에 없다.

참으로 놀라운 순환이다. 그들이 주변의 모든 것에 불만을 느끼니, 주변의 모든 것이 그들의 태도에 영향을 받아 똑같은 방식으로 그들에게 반응한다. 이것이 바로 부정적 에너지가 몰고 오는 무서운 결과다.

대학생 시절, 나와 소영은 매우 돈독한 사이였다. 그 이유는 우리 둘 다 '프로 불만러'였기 때문이다. 우리는 이것저것 모든 것이 불만이었고, 세상 모든 사람이 마음에 들지 않았다. 우리 눈에는 주변 사람들이 모두 속물로 보였고, 성공한 사람들은 모두 타인의 덕을 본 사람들 같았다. 마치 이 세상에 온전한 정신을 가진 사람은 나 혼자인 것처럼 느껴졌다. 간단히 말해, 우리 둘은 마치 고슴도치가 가시를 곤두세우듯 항상 방어적이었다. 그래서 주변 사람들도 우리에게 다가오기를 주저했다.

졸업 후 나와 소영은 각자 다른 도시에서 삶을 시작했고, 둘 다 직장 생활이 바빠 서로 연락이 뜸해졌다. 사회는 나에게 또 다른 학교였다. 몇 년 동안의 사회생활을 통해 나는 빠르게 성장했고, 사고방식도 훨씬 성숙해졌다. 문제를 바라보는 시각 또한 더는 예전처럼 편협하지 않게 되었다. 나는 과거에 내가 왜 사람들과 잘 소통하지 못했는지를 깨달았다. 당시의 나는 부정 에너지가 너무 많은 사람이었다. 하지만 이제는 문제에 부딪혔을 때 예전처럼 나쁜 쪽으로 생각을 몰아가지도, 불평을 퍼붓지도 않는다. 그 대신 문제를 좀 더 깊이 생각하고, 해결 방법을 적극적으로 찾으려고 노력한다. 나는 지금의 나 자신이 예전보다 훨씬 긍정적이고 밝아졌다고 느낀다.

어느 날 나는 SNS에 스토리텔링의 거장 로버트 맥키 Robert McKee의 저서 『스토리, 시나리오 어떻게 쓸 것인가』(민음인, 2002)의 표지와 내 개인적인 감상을 적은 게시물을 공유했다.

"이 책을 읽으니 갑자기 시나리오를 쓰고 싶은 열망이

솟구친다. 언젠가는 내 작품도 영화로 만들어져 극장에서 상영되는 날이 오기를!"

글을 올린 지 5분 만에 소영에게 전화가 왔다. 처음에는 반갑게 서로의 안부를 나누었지만, 곧 그녀의 어조가 달라졌다.

"요즘 영화 시장 상황이 참 안 좋아. 영화관에 볼만한 작품이 하나도 없더라. 전부 다 질 낮은 영화들뿐이더라고."

"할리우드 영화에도 졸작은 있지. 그런데 국내 영화 중에서도 정말 훌륭한 작품이 많아."

"너 요즘 국내 영화를 보는 거야? 너무 수준 낮은 거 아니니?"

"예전에는 몰랐는데, 최근에 어떤 책을 읽고 나서 영화 제작이 그리 간단한 일이 아니라는 걸 이해했어."

"너 설마 진짜 영화 시나리오를 써 볼 생각이야?"

"지금 당장은 어렵지만, 나중에 도전해 보고 싶어."

"꿈 깨, 정신 차려. 네 실력으로 쓴 시나리오를 가지고 누가 영화를 만들겠니?"

"지금 못 한다고 나중에도 못 하는 법은 없잖아. 글도 많이 써 보면 실력이 늘지 않겠어?"

"현실 파악 좀 해. 정신 차려! 그렇게 애쓴다고 별수 있겠니? 책을 아무리 많이 읽어도 네가 천재가 될 수는 없어!"

우리의 대화는 불쾌한 분위기 속에 끝이 났다. 예전에는 서로 못할 말이 없을 정도로 친한 친구였지만 이제는 대화가 거의 통하지 않는 사이가 되어 버렸다. 그날 밤 나는 SNS 친구 목록에서 그녀를 차단했다.

부정적 에너지는 위험한 늪과 같다

주변의 누군가가 허구한 날 불평을 쏟아내고, 항상 남의 결점을 찾느라 혈안이 돼 있고, 태도가 비관적이고, 편견에 매몰되어 있다면 그 사람은 분명 부정적 에너지로 가득 차 있는 사람일 것이다.

당신의 친구 중에도 이런 사람이 있는지 곰곰이 생각해 보라. 그 사람과 함께 있을 때 기분은 어땠는가? 사람은 누구나 친구가 필요하다. 하지만 부정 에너지가 가득 차 있는 친구는 필요 없다. 더욱이 우리는 모든 사람과 다 친구가 될 필요도 없다. 만일 당신의 친구가 부정적 에너지가 넘쳐 난다면, 그에게 긍정적인 영향을 주려고 노력해 볼 수는 있다. 하지만 몇 번의 시도에도 변화가 없다면, 서둘러 그 친구와 거리를 두길 바란다.

부정 에너지는 위험한 늪과 같다. 친구 스스로 그 늪에서 벗어나려 하지 않는 이상, 당신이 그 친구를 늪에서 건져 낼 방법은 없다. 오히려 당신까지 그 늪으로 빨려 들어갈 수 있다.

아무리 낙관적이고 긍정 에너지를 가진 사람이라도, 주변에 부정 에너지를 발산하는 사람이 많아지면 쉽게 기분이 처지고 우울해질 수 있다. 감정은 손쉽게 전염되기 때문이다. 지속해서 부정 에너지에 노출되면, 당신의 감정도 점차 우울하고 부정적으로 변하게 될 것이다.

우리는 자신에게 부정 에너지를 퍼뜨리는 사람을 멀리하고, 자기 자신도 부정 에너지의 원천이 되지 않도록 주의해야 한다. 우리는 모두 평범한 사람이기에, 때로는 기분이 상할 수도 있다. 그럴 때는 친구와 솔직하게 이야기하거나 마음을 털어놓는 것이 감정을 해소하는 데 어느 정도 도움이 된다. 하지만 계속해서 불평을 토로한다면 상대방도 당신과의 관계를 유지하는 것이 부담스러워질 수 있다. 끊임없이 불평하기보다는 자신의 감정을 조절할 줄 아는 사람이 되어 보자. 스스로 태양처럼 밝은 사람이 되어 주변 사람들에게 긍정적인 에너지를 전달하는 것은 어떨까?

거절은 빨리할수록
이롭다

혹시 이런 경험이 있는가? 오랜만에 친구가 연락해서는 뜬금없이 이런 말을 꺼낸다.

"요즘 경제 사정이 어려워서 그런데 혹시 50만 원 좀 빌려줄 수 있을까? 월급 받는 대로 바로 갚을게."

사실 당신의 통장 잔액도 그리 여유로운 상황은 아니지만, 오랜 친구와의 정을 생각하니 매몰차게 거절하기가 쉽지 않다. 결국 당신은 무리인 줄 알면서도 통장에 남은 돈을 빌려주고 만다. 그러면서 정작 본인은 돈을 돌려받을 때까지 매일 라면으로 끼니를 때우며 궁핍한 생활을 견딘다.

그런데 한 달이 지나도 친구는 감감무소식이다. 당신은 힘이 들면서도 체면 때문에 돈 이야기를 꺼내지 못한다. 속으로 '조금만 더 기다려 보자. 아마 다음 달에는 돈을 갚아 줄 거야.'라고 생각할 뿐이다.

시간이 흘러 연말이 되었다. 친구는 여전히 돈 갚을 생각이 없어 보인다. 이제는 당신의 마음도 불안해지기 시작한다. 때마침 곧 명절이고 고향에 가려면 써야 할 돈이 많으니, 이참에 용기를 내서 친구에게 언제 돈을 갚을 것인지 묻는다. 친구가 이런저런 핑계를 대기 시작하자, 결국 당신은 처음 그와 주고받았던 대화 기록을 찾아 친구에게 보여 주게 된다. 그런데 친구가 되레 화를 버럭 내며 말한다.

"그깟 50만 원 가지고 재촉하냐! 사람이 왜 이렇게 쪼잔해!"

드디어 친구에게 빌려준 50만 원을 돌려받았다. 하지만 그 친구는 당신을 '의리 없는 사람', '몇십만 원 때문에 우정도 저버린 사람'이라고 비난하며 동네방네 이야기를 퍼뜨리기 시작했다. 그로 인해 전후 사정을 모르는 사람들은 당신을 '좀생이'로 오해하게 되었다.

지금 당신은 무척 억울한 마음이 들 것이다. 분명 좋은 의도로 돈을 빌려줬는데, 왜 자신이 비난의 대상이 되어야 하는지 이해할 수 없다.

누군가 당신에게 무언가를 부탁했는데, 들어주기가 부담스럽다면 어떻게 해야 할까?

위 일화에서처럼 지갑 사정이 여유롭지 않을 때는 경솔하게 돈을 빌려주겠다고 약속하면 안 된다. 그보다는 당신의 곤란한 사정을 솔직하게 설명하는 것이 낫다. 그럼 상대도 당신의 어려운 상황을 이해하고, 서로 간의 관계가 껄끄러워질 일도 일어나지 않을 것이다.

사실 많은 사람이 타인의 부탁을 쉽게 거절하지 못한다. 물론 적정한 선에서 타인을 돕고 선의를 베푸는 것은 미덕이며, 이로 인해 좋은 평판을 얻을 수도 있다. 하지만 타인의 부탁에 응할 때는 신중하게 결정해야 한다. 자신의 능력에서 벗어난 부탁을 덜컥 받아들이면 당신의 선의가 자칫 볼멘소리로 돌아올 수 있기 때문이다.

우리는 타인의 부탁을 수락하기 전에 반드시 '이 일을 정말 내가 할 수 있을까?'라고 자문해야 한다. 만일 할 수 없다면 억지로 수긍할 게 아니라 정중하게 거절해야 한다. 만약 당신이 부탁을 거절한다면 상대는 또 다른 방법을 찾을 것이다. 반대로 당신이 부탁에 응했다면 그 사람은 당신이 문제를 완벽하게 해결해 주기를 기대할 것이고, 만일 일이 잘못되면 당신을 원망할 수도 있다.

거절할 줄 아는 것은 나를 사랑하는 첫걸음이다

정당한 이유라면 남의 부탁을 거절하는 것을 두려워할 필요는 없다. 사람은 누군가에게 부탁할 때, 마음속에 두 가지 답을 미리 준비해 놓는다. 그래서 어느 답을 제시하든 그 답은 상대가 예상한 답이니 당황스러워하지 않을 것이다.

타인의 부탁을 너무 성급히 수락하지 마라. 부탁하는 이가 친구이든 가족이든, 상대의 부탁이 무리라고 느껴지거나 나에게 불이익을 줄 가능성이 있다면, 반드시 단호하고 정중하게 거절해야 한다. 거절 의사를 너무 늦게 밝혀 곤란한 상황을 자초해서도 안 된다. 만약 이미 상대방의 부탁을 수락했다면 약속을 지키기 위해 최선을 다해야 한다. 만일 도중에 약속을 지킬 수 없을 것 같다고 판단되면, 최대한 빨리 상대방에게 상황을 알려야 한다. 그러지 않고 상황을 질질 끌면 결국 당신은 약속을 지키지 못하게 되고, 상대방도 당신을 기다리다 시간을 낭비하게 된다.

남에게 미움받는 것을 두려워하지 마라. 모든 거절에는 그만한 이유가 있고, 모든 포기 뒤에는 그만한 가치가 존재한다. 누구의 삶도 녹록지 않다. 그러니 남을 생각하기 이전에 나 자신을 더 많이 챙겨야 한다. 그런 의미에서 거절할 줄 아는 것은 곧 나 자신을 사랑하는 첫걸음이다.

내 능력을 정확하게 파악하고, 어떤 상황에서든 나 자신에게 여지를 남겨둘 줄 알아야 한다. 마음은 도와주고 싶지만 현실적인 상황이 허락하지 않는다면, 체면치레에 신경 쓰기보다는 "아니요"라고 거절하는 것이 장기적으로 보면 더 큰 손실을 방지할 수 있다. 다시 말해 누군가가 당신에게 도움을 요청할 때, 별생각 없이 바로 응하기보다는 상황을 차분히 생각하고 판단하는 시간을 가져야 한다. '내가 이 일을 감당할 능력이 되는지, 또 잘 해낼 수 있는지'를 꼼꼼히 생각해 본다. 또한 자신의 능력과 일의 난이도를 잘 따져보고, 현실적인 상황까지 충분히 고려한 뒤 결정한다.

상대의 부탁을 너무 성급히 수락하는 것도, 너무 늦게 거절하는 것도 비슷한 실수다. 적절한 때에 거절하고 적절한 때에 도움을 주는 것이야말로 효율적인 삶을 위한 첫걸음이다. 내 마음이 진심으로 원하지 않는 일이라면 용기를 내어 거절해 보자. 거절하기 위해 입을 떼는 순간부터 내 인생의 불필요한 스트레스와 고민에서 벗어날 것이다.

타인의 삶에
왈가왈부하지 마라

사내에서 가장 연장자인 그녀는 다정하고 친절한 성격
으로 알려져 있다. 더욱이 남편의 벌이가 좋아 그녀가 반드
시 일을 해야 하는 상황도 아니었다. 그녀는 계산적이지 않
고 인심이 후해 사람들에게 자주 간식을 나누어 줬다. 그런
데 사람들은 그녀와 그리 가깝게 지내고 싶어 하지 않았다.
그녀가 종종 상대방의 기분을 언짢게 만들기 때문이었다.

한번은 이런 일이 있었다. 어느 날 나는 학창 시절 추억
에 잠겨 오랜만에 옛날에 입었던 치마를 꺼냈다. 단돈 만

사천 원짜리 싸구려 치마지만, 그 치마를 입으면 항상 행복했다. 사무실에 도착하자마자 그녀가 내게 다가와 치마를 보면서 "이 치마는 좀 꼭 끼는 스타일이라 너한테 안 어울려. 색상도 유행이 한참 지난 데다 네 나이에 맞지 않아."라고 지적했다. 나는 그녀가 이러쿵저러쿵하는 소리를 계속 듣다가 겨우 입을 열었다.

"이 치마는 제가 대학생 때 샀던 거예요."

"세상에나! 아낄 걸 아껴야지. 옷을 무슨 10년을 넘게 입어. 그런 옷은 버리는 게 나아."

그녀가 계속 왈가왈부하니 주변 사람들까지 내 치마를 힐끔힐끔 쳐다보기 시작했다. 나는 과거의 추억을 떠올리고 싶어 입은 것이라고 해명하고 싶었지만, 내가 그렇게 말한들 무슨 소용이겠는가 싶어 그만두었다. 결국 나는 하려던 말들을 입 밖으로 꺼내지 못하고 속으로만 삼켰다.

행복한 기분을 만끽하며 입고 나온 치마는 한순간에 남들에게 감추고 싶은 존재가 되어 버렸다. 나는 근무 시간 내내 치마에 신경이 쓰여 일에 집중할 수 없었고, 퇴근 시간이 되자마자 도망치듯 집으로 달려갔다. 그날 이후로 그 치마는 두 번 다시 입지 않았다.

한편 그녀의 '오지랖과 지적질'을 겪은 것은 나뿐이 아니었다. 그녀는 다른 동료들에게도 참견과 지적을 서슴지 않았다. 가령 어떤 이에게는 립스틱 색이 너무 촌스럽다고 지적하고, 또 어떤 이에게는 헤어스타일이 본인과 어울리지 않는다고 핀잔을 줬다. 심지어 그녀는 핸드폰 벨소리를 가지고도 잔소리를 했다. 상대가 그녀의 충고를 듣지 않으면 자신의 말이 관철될 때까지 했던 말을 반복했다. 사람들은 그녀의 잔소리를 견디다 못해 결국 두 손 두 발 다 들었고, 누구도 그녀의 조언을 고마워하지 않았다.

간섭받기 좋아하는 사람은 아무도 없다

누군가가 자신의 삶에 이래라저래라하는 것을 좋아할 사람은 아무도 없다. 사람마다 보는 눈이 다른 것은 물론이고, 취향도 경험하는 것도 제각기 다르다. 그렇기에 사람은 독립된 개체로 존재하는 것이다. 사람은 천성적으로 자유를 갈망하고, 구속받는 것을 싫어한다. 내 삶의 방식이 다른 이에게 해를 끼치지 않는다면, 굳이 누군가의 의견에 따라 내 삶을 바꿔야 할 이유도 없다.

다른 사람과 잘 어울려 지내는 최고의 방법은 바로 남의 삶에 끼어들지 않는 것이다. 누구나 자신만의 생활 방식이 있다. 우리 개개인이 인식하는 세상은 결국 자기 자신이 '창조'한 세상이다. 따라서 이 세상에 절대적으로 좋고 나쁨, 옳고 그른 것은 존재하지 않는다. 그 사람이 느끼는 것은 모두 그 사람에게만 해당한다. 마찬가지로 나한테 고생스러운 일이 다른 사람한테는 그만큼 고생스럽지 않을 수도 있다. 그러니 우리는 경솔하게 타인의 인생에 간섭해서는 안 되며, 지나친 관심을 두는 것도 삼가야 한다.

실상 이러한 이치는 누구나 다 알고 있다. 하지만 사람은 타인보다 나 자신을 더 쉽게 수용하는 경향이 있다. 그래서 타인의 언행이 내 생각과 다를 때, 대개는 상대가 잘못됐다고 생각하며 그 사람을 가르치려고 든다. 그리고 이런 행동이 상대방에게 불편함을 줄 수 있다는 사실을 간과한다. 그러니 명심해라. 설령 상대에게 정말 변화가 필요하다고 해도 우리의 지적과 가르침은 그 사람이 원하는 것도, 그 사람한테 필요한 것도 아니라는 것을.

"인간의 고질병은 바로 남을 가르치려는 습성이다."라고 맹자가 말했다. 사람은 남의 인생을 평가하고 지적하기를 좋아하고, 이를 통해 무의식적으로 우월감을 느끼곤 한다. 하지만 이것은 매우 나쁜 습관이다. 함부로 타인을 평가해서도 안 되지만, 제멋대로 타인의 인생에 간섭하는 것은 더욱 피해야 할 행동이다.

누구도 남의 인생에 끼어들 자격은 없다. 사회는 다양한 사람들로 구성되어 있다. 그런데 누가 옳고 누가 그른지, 누가 우월하고 누가 열등한지를 어떻게 판단할 수 있을까? 이 세상에 완벽한 인생은 없다. 타인의 삶이 완벽하지 않듯이 나의 삶도 완벽하지 않다. 누군가가 웃음거리가 되었을 때 그런 일이 나한테는 절대 일어나지 않으리라 자신할 수 있는가? 그러므로 타인의 삶에 함부로 관여하지 마라. 나 역시 누군가에게 간섭받기 싫은 것처럼.

어차피 이 세상에 완벽한 인생을 사는 사람은 없다. 그렇다면 타인의 삶을 조용히 존중하며 지켜보자. 세상은 누구 한 사람을 중심으로 돌아가지 않는다. 다른 이의 삶이 이해되지 않는다면 그들의 이야기를 들어주는 관객이 되어 보자. 제3의 시선으로 타인의 행복을 함께 기뻐하고 서로의 다름을 이해하는 자세를 가져보자.

사실 세상 사람들은
나를 신경 쓰지 않는다

아마 많은 이들이 이런 착각을 해 봤을 것이다. 사람들 무리에 있을 때 모든 이목이 나에게 집중되고, 모두가 나의 행동을 주시하고 있다고 말이다. 이로 인해 자칫 실수라도 하면 모두의 웃음거리가 될까 봐 불안해한다. 하지만 현실은 전혀 그렇지 않다. 어떤 분야에서 특출하게 유명한 사람조차 항상 사람들의 관심을 받는 것은 아니다. 더구나 의도치 않게 범한 사소한 실수라면 잠시 웃음거리가 될 수는 있어도, 대다수 사람은 그 순간이 지나면 빠르게 잊어버린다.

A군은 모든 면에서 조심스럽고, 신중하게 행동하는 사람이다. 그는 모든 일에 실수가 없어야 하고, 실수하면 타인의 비난을 받을 것으로 생각한다.

어느 날 오후 비가 억수같이 쏟아졌다. 동료들이 하나둘씩 퇴근하는 와중에도 비는 그칠 기미를 보이지 않고 계속 쏟아졌다. 깜박하고 우산을 가져오지 않은 A군은 한동안 고민하다가 결국 비를 맞으며 집에 가기로 마음먹었다.

A군은 잠시 주변을 둘러본 후 아무도 없음을 확인하고 과감히 바지를 걷어 올렸다. 그다음 양복 재킷을 벗어 머리 위에 뒤집어쓴 채 빗속으로 뛰어들었다. 그런데 생각지도 못하게 때마침 부사장이 차를 타고 지나가다 그 광경을 보게 되었다. 부사장은 뜻밖의 비 소식에 미처 우산을 챙기지 못한 사원들을 위해 사내에 일회용 우비를 준비해야겠다고 생각했다. 그는 곧바로 행정팀에 연락해 신속히 조처하도록 지시했다.

A군은 이 소식을 듣고 온종일 안절부절못하며 자책했다. 자신이 부주의하게 튀는 행동을 하는 바람에 행정팀의 업무 부담이 늘어난 것 같아 미안한 마음이 들었다.

A군은 온종일 마음을 졸이다, 결국 한참을 썼다 지운 메시지를 행정팀 직원에게 보냈다. 그는 먼저 다음부터는 우

산을 꼭 챙겨오겠다며 반성의 말을 전했다. 그리고 자신이 비를 맞으며 달려간 행동으로 인해 다른 사람이 느꼈을 불편한 감정에 대해서도 진심으로 사과했다. 그리고 마지막으로 앞으로는 동료들에게 불편을 끼치지 않도록 자신의 할 일을 잘 챙기겠다고 약속했다. 그런데 장황하기 그지없는 A군의 메시지와 달리 행정팀 직원이 회신한 메시지는 굉장히 간결했다. 행정팀 직원은 '직원들의 복지는 행정팀의 책임이니 사과할 필요가 전혀 없습니다.'라고 회신을 보냈다. A군은 회신을 받고도 전혀 마음이 놓이질 않았다. 오히려 이런 생각이 들었다. '내가 장문의 메시지를 보냈는데 이렇게 달랑 한 줄만 답하는 걸 보니, 예의상 괜찮다고 하면서 속으로는 이미 화가 났을 거야.'

그리하여 A군은 다시 한번 마음을 굳게 먹고 장문의 글을 써 내려갔다. 그는 자신이 왜 제시간에 퇴근을 못 했는지, 왜 우산을 가지고 오지 못했는지를 해명하며 재차 사과의 뜻을 전했다.

그런데 한참 동안 행정팀 직원으로부터 회신이 오지 않았다. A군은 초조하고 불안한 나머지 머릿속에서 오만가지 생각이 다 들기 시작했다. '설마 내 문제를 두고 논의하느라 회신이 늦어지는 걸까? 좀 전에 내가 한 말들은 전부 사실이고 조금의 과장도 없었으니 다들 내 말을 믿어 주겠지? 설령 나 때문에 업무가 늘어났다 해도 평소 좋은 관계를 유지했었으니까 이런 일로 내게 불만을 품지는 않겠지?' 불길한 예감을 떨쳐버릴 수 없었던 A군은 기어이 행정팀을 찾아가게 되었다.

A군이 행정팀 사무실에 도착했을 때 문은 이미 닫혀 있었다. 보아하니 전 직원이 회의 중인 것으로 보였다. 그 순간 A군은 자신의 문제를 놓고 논의하는 중일까 봐 더욱 불안해졌다. 이런 막연한 걱정에 사로잡힌 A군은 이성을 잃고 급기야 문에 바짝 붙어 그들의 이야기를 엿듣기 시작했다.

결국 어떻게 되었을까? A군은 회의를 엿듣다 누군가에게 들켰고, 부사장은 그를 직접 불러 전후 사정을 물었다. 알고 보니 그날 행정팀 직원이 A군에게 짧게 회신한 이유는 당시 업무가 바빴기 때문이었다. 회의 주제 역시 다음 날에 있을 중요 회의에 관한 것이었지, A군의 문제와는 전혀 무관했다. 이 모든 일은 A군이 과하게 부풀려 생각한 탓에 벌어진 결과였다.

부사장은 마지막으로 A군에게 이렇게 조언했다.

"좋은 쪽으로든 나쁜 쪽으로든, 사람들은 내가 생각하는

남에게 신경 쓸 만큼 한가한 사람은 없다

아마도 많은 이들이 A군과 비슷한 실수를 저질러 봤을 것이다. 다른 사람이 나를 어떻게 생각할까를 지나치게 의식한 나머지 모든 상황이 나를 중심으로 돌아가는 것만 같고, 좋은 일이든 나쁜 일이든 자신이 항상 사건의 중심에 있는 것처럼 느껴질 때가 있다.

그러나 실상 사람들은 각자 바쁜 하루를 보내느라 정신이 없다. 자기 자신한테 신경 쓸 시간도 모자란 판국에 남에게 신경 쓸 만큼 한가한 사람이 과연 몇이나 될까?

이런 말이 있다. 20대 때는 남이 나를 어떻게 생각할까 고민하고, 40대가 되면 남이 나를 어떻게 생각하든 말든 상관하지 않고, 60대에 이르러서야 사람들은 처음부터 나에 대해 그다지 관심이 있지 않았다는 사실을 깨닫게 된다.

너무 늦지 않게 이 사실을 알아차리기 바란다. 우리 모두 좀 더 쿨하게 대처해 보자! 때로는 사람들 앞에서 체면을 구길 수도 있다. 그렇다고 울적해지거나 후회할 필요는 없다. 남을 웃게 만든 일이 나쁜 일은 아니니까. 게다가 사람들은 대개 나의 부끄러웠던 순간을 오래 기억하지 않는다. 가끔 한 번 실수한 것에 너무 많은 의미를 부여하지 말자. 내게는 중요해 보였던 일이 다른 사람에게는 크게 중요치 않을 수 있다는 것을 기억하자.

어쨌거나 사람은 누구나 남보다 내 문제, 내 상황에 훨씬 더 많은 신경을 쓴다. 만약 그렇지 않다면 광고사나 연예인 기획사가 왜 굳이 대중의 관심을 특정 예술가나 영화에 집중시키기 위해 그토록 큰 노력을 쏟겠는가?

그러니 지나친 걱정과 불안은 내려놓자. 대부분 사람은 당신이 생각하는 것만큼 당신에게 관심이 많지 않다는 것을 기억하자.

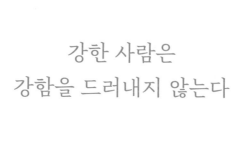

강한 사람은
강함을 드러내지 않는다

정호는 성격이 매우 꼼꼼한 친구로, 어떤 일이든 허투루 하는 법이 없다. 한번은 나이가 많은 고객과 미팅하던 중 이런 일이 있었다. 그 고객은 정호의 디자인을 보고 여러 가지 의견을 제시했다. 하지만 미술 디자인을 전공한 정호는 고객의 의견을 비전문가의 어설픈 지적으로 받아들였다. 그래서 자신의 디자인이 왜 이러한 방식으로 이루어졌는지 전문가의 시각에서 상세히 설명해 주었다.

하지만 그 고객은 한사코 정호의 디자인이 아닌 자신의

제안대로 진행해 달라고 요구했다. 열정이 넘치는 정호 역시 쉽게 물러서지 않았다. 그는 고객에게 '디자인에 대한 이해가 부족하다'라고 응수했다. 대화의 결말은 짐작한 그대로다. 그날의 미팅은 서로에게 불쾌함만 남긴 채 끝이 났고, 예상대로 프로젝트는 무산되었다.

디자인 전문가로서 자신의 디자인이 거절당하는 것은 분명 굴욕적인 일이다. 하지만 정호의 대응에도 문제가 있다. 고객의 의견을 적절히 수용하는 것도 마땅히 그가 해야 할 일 중 하나다. 그런데 자신의 의견을 고집하며 고객과 충돌을 불사한다면 양측 모두 얼굴을 붉힐 일만 생길 뿐이다.

이 세상에 완벽하게 똑같은 나뭇잎은 없듯, 사람 역시 마찬가지다. 사람은 저마다 다른 관점을 가지고 있는데, 한 사람의 관점은 과거의 경험, 교육 수준, 사회적 위치 등 여러 요소에 의해 형성된다. 정호와 그의 고객은 나이와 사회적 위치가 크게 다르므로 디자인을 보는 시각도 다를 수밖에 없다. 이런 상황에서 서로의 의견 차이를 좁히려면 양측이 인내심을 가지고 소통해야 한다. 만약 정호가 적당히 물러설 줄 알았더라면 고객과의 관계가 그렇게까지 악화하지는 않았을 것이다.

적당히 물러설 줄 아는 것도 지혜다. 사람은 누구나 자신의 입장에서 상황을 판단한다. 이것은 잘못된 게 아니다. 때로는 상대가 잘못된 생각임에도 불구하고 체면 때문에 혹은 다른 이유로 자기 생각을 고집할 때가 있다. 그럴 때 만일 당신이 상대와 시시비비를 다투면 필시 서로의 마음에 생채기를 남기게 될 것이다. 하지만 대개 이런 상황에서 더 큰 피해를 보는 쪽은 바로 자기 자신이다.

지나치게 자기 방식만을 고집하고 자기중심적으로 행동한다면 결국에는 타인과 서로 날을 세우며 싸울 수밖에 없다. 옛말에 이런 말이 있다. '강하면 쉽게 부러지고 유연하면 오래 견딜 수 있다.' 사람이 너무 이기려고만 하면 안 된다. 때로는 적당히 물러설 줄도 알고, 자신의 약점을 인정할 줄 아는 유연함이 필요하다. 만일 정호가 겸손하게 "제 생각이 짧았네요. 경험이 부족한 탓입니다."라고 인정하며 고객의 의견을 존중해 줬다면, 고객 역시 수용적인 자세로 그의 이야기를 들었을 것이다. 이런 분위기에서 정호가 다시 한번 완곡하게 자신의 의견을 제시한다면 고객도 무작정 반대하는 대신 열린 마음으로 그의 제안을 고려해 볼 것이다.

약점을 드러낼수록 도움을 받는다

타인과 의견이 충돌했을 때, 그 순간 바로 상대가 하는 말의 허점을 찾아내려고 혈안이 되지 마라. 어쩌면 상대도 자신의 주장에 불완전함이 있음을 알고 있을 수도 있다. 다만 사람은 누구나 체면을 지키고 싶어 한다. 그러므로 이런 상황에서는 상대에게 체면을 지키는 동시에 언쟁에서 한발 물러설 기회를 주는 게 필요하다. 위와 같은 상황에서 당신이 먼저 한발 물러선다면 이는 곧 상대방에게도 물러설 기회를 주는 것이 된다. 당신이 먼저 상대방의 체면을 존중해주었으니 상대방도 당신의 입장을 고려하게 될 것이다. 이렇게 하면 결국 양측 모두가 만족할 수 있는 해결책을 찾아 기분 좋게 일을 마무리할 수 있다.

진정으로 강한 사람은 자신이 강하다는 것을 드러내지 않는다. 그들은 다른 사람에게 인정받기 위해 자랑하거나 허세를 부리지 않는다. 반면 잘난 척, 센 척하는 사람은 종종 의도치 않게 자신의 약점을 드러낸다. 따라서 때로는 적절히 물러서야 타인의 존중을 받을 수 있고, 또 그 과정에서 성장할 수 있다.

의도적으로 어려움을 표현하는 것도 때로는 현명하게 물러서는 방법이다. 상대에게 힘든 내색을 한다고 해서 그것이 자신의 취약함이나 무능을 보여 주는 것이 아니다. 내면이 단단하면 과시를 통해 자기 만족감을 채울 필요가 없다. 이를테면 진짜 부자는 명품으로 자신의 부를 과시할 필요가 없으며, 실제로 높은 지위에 있는 사람은 자신의 우월함을 자랑하지 않는다. 마찬가지로 진정한 지식인은 일부러 어려운 말을 골라 쓰며 자신의 재능을 뽐낼 필요가 없다. 어찌 보면 남에게 빈틈과 약점을 드러내는 사람이 오히려 더 단단한 내면을 지닌 사람일 수도 있다.

사람은 대체로 약자에게 동정심을 느낀다. 반면 성격이 강한 사람을 만나면 심적으로 경계한다. 한쪽에서 자기주장을 강하게 밀어붙이며 주도권을 쥐려고 하면, 상대방은 당연히 압박감을 느끼게 될 것이다. 반면 적절히 물러설 줄 알고, 적절히 자신의 사소한 결점을 공유하는 것은 오히려 당신의 친화력을 높여 줄 것이다. 단적인 예로, 사회적으로 명망이 높은 사람이 일반인들 앞에서 "저도 평범한 사람이라 고민이 많아요."라고 말하는 것을 들어봤을 것이다. 마찬가지로 재력가들도 건강 문제, 자녀 문제를 토로하는 경우가 있으며, 학식이 높은 사람들도 종종 "저는 사회성이 부족해요."라고 말하기도 한다. 이처럼 자신의 결점을 솔직하게 드러내는 것 역시 의도적으로 약점을 보여 주는 것이나 다름없다. 당신이 이런 태도를 보였을 때 상대방은 당신에 대한 방어적인 태도를 누그러뜨리고, 서로 간의 거리감도 줄어들게 된다.

가끔은 동료, 가족, 친구 앞에서 힘든 내색도 하고 약한 모습도 보여 주자. 그러면 주변 사람들과의 갈등은 크게 줄어들 것이고, 그들도 이런 솔직한 모습을 더 인간적으로 느낄 것이다. 항상 강해 보이지 않아도 된다. 힘들 때는 도움을 청하고, 우울할 때는 위로받고 싶다고 말해라. 실수했을 때는 스스로 반성하고 상대에게 나의 진심을 전달하라. 그러면 당신은 주변으로부터 더 많은 도움을 받을 수 있을 것이다.

기억해라. 적절히 힘든 내색도 하며 살아라. 속이 곪아 터지기 전에.

남과 비교하며
불행을 자초하지 마라

살면서 슬픔, 실망, 분개, 괴로움, 절실함 등의 감정을 겪어 보지 않은 사람은 없을 것이다. 이런 감정에서 헤어 나오려면 삶을 담담하게 받아들일 줄 아는 마음가짐을 길러야 한다. 그 비결은 이 세 글자에 담겨 있다. 바로 '평상심'이다.

소현은 평범한 가정에서 태어나 평균적인 외모와 지능을 가진 소녀다. 하지만 엄마 눈에는 그렇지 않았다. 그녀의 엄마는 항상 딸에게 "너는 이 세상에서 가장 똑똑하고 가장 예쁜 아이야. 나중에 커서 분명 '이 세상에서 가장 멋진 여자'가 될 거야."라고 말했다.

그런 엄마의 간절한 기대 때문인지 세 살밖에 되지 않은 소현은 유치원 안에서 가장 특별한 '꽃'이 되려고 노력했다. 하지만 현실은 기대만큼 호락호락하지 않았다. 소현과 같은 유치원을 다니는 명주는 주말마다 피아노와 무용을 배워 주목을 받았고, 예지는 아빠가 미대 교수였다. 소현이 아무리 열심히 노력해도 친구들의 예술적 재능을 따라잡기란 어려웠다. 왜 우리 집은 명주네 집처럼 부자가 아닌 걸까? 왜 우리 아빠는 미대 교수가 아닌 걸까? 소현의 머릿속에는 온종일 '왜'라는 물음이 꼬리에 꼬리를 물며 맴돌았다.

그렇게 십수 년의 시간이 흘러 고등학교에 입학한 소현은 상위권 성적임에도 우등반이 아닌 보통 반에 배정되었다. 반 배정 결과가 불공평하다고 느껴 담당 선생님을 찾아가 반 배정을 재고해 달라고 요구했다. 하지만 담당 선생님은 그녀의 요구를 들어주지 않았다.

소현은 어쩔 수 없이 현실을 받아들였지만, 그로 인한 마음의 상처는 그녀의 성적에까지 영향을 미쳤다. 그녀는 아무리 노력해도 바라던 결과를 얻지 못하는 자신의 현실이 너무나 분하게 느껴졌다. 그녀는 단지 자신의 능력에 걸맞은 공평한 대우를 바랐던 것뿐인데 왜 자신한테만 이토록 불공평하고 가혹한 것인지 원망스러웠다.

그렇게 또다시 몇 년의 시간이 흘렀고, 어느새 인생의 제2막이라 할 수 있는 '결혼' 적령기에 이르렀다.

소현의 결혼 상대는 성공한 젊은 사업가였다. 하지만 시어머니와 남편의 친척들은 소현의 배경을 못마땅해했다. 공연히 핀잔을 주고 하대하며 무시했다.

그녀는 남편이 훌륭한 조건을 갖춘 사람인 것은 맞지만, 자신 역시 그에 못지않다고 생각했다. 게다가 자신의 경력도 점점 성장하고 있었기에, 자신을 이토록 하대하는 그들의 태도가 도저히 이해되지 않았다. 이로 인해 그녀는 거의 매일 같이 남편과 다툼을 벌였고, 결국 부부 관계는 이혼을 고려할 정도로 악화하였다.

우리가 자주 범하는 잘못이 하나 있다. 그것은 바로 사람과 그 사람이 가진 조건을 분리해서 생각하는 것이다. 예를 들어 '그 사람의 부모님이 부자가 아니었다면 혹은 그 사람의 남편한테 능력이 없었다면, 그래도 그 사람이 성공했을까?'라고 생각하는 것이다. 하지만 부모님이 부자고, 남편이 능력자인 이런 요소들은 전부 그 사람이 가진 조건에 불과하다. 이는 그들이 남들보다 더 나은 삶을 사는 것이 꼭 자신이 가진 능력 덕분만은 아니라는 얘기다.

이 말의 의미를 이해했다면, 더는 남을 부러워하거나 질투할 필요가 없어진다. 어떤 조건은 타고나는데, 내 능력으로 바꿀 수 없는 일을 불평해 봐야 아무것도 달라지지 않는다. 세상은 원래 불공평하다. 그렇기에 당신이 누군가를 부러워한다면 그 사람도 당신이 가진 것을 부러워할 수 있다. 마찬가지로 당신이 타인이 가진 조건을 인정하고 받아들이면, 그들 역시 당신이 가진 조건을 인정하고 받아들일 것이다. 이러한 다양성이 어우러져 이룬 조화는 공평의 또 다른 형태로 해석될 수 있다.

내가 바꿀 수 없는 것이라면 받아들이고, 받아들일 수 없다면 자신을 바꿔라. 우리가 세상을 바꿀 수는 없지만, 우리 자신은 바꿀 수 있다. 평온한 마음으로 세상의 불공평함을 바라보면, 불공평해 보였던 많은 것들이 사실 별것 아니었음을 깨달을 것이다.

Part 4

원하는 삶의 방향은
어디인가

평범한 삶과
어중간한 삶

인생이란 평범한 것이다. 평범이란 우리 개개인이 태어날 때부터 가지고 있는 특성이다. 내가 아무리 비범한 재능을 지녔다 해도 수십억, 수천억 명의 사람들 사이에 있으면 그저 한낱 인간에 불과하다. 그런데 만약 당신이 그저 수많은 사람 가운데 한 사람으로 남기를 원하고, 남들이 하는 것을 단순히 따라 하며 특별한 가치를 추구하지 않는다면, 당신이 경험하는 것은 평범한 삶이 아니라 어중간하고 무의미한 삶이 될 것이다.

오스카 시상식에서 6관왕을 달성한 영화 〈포레스트 검프Forest

Gump〉는 지극히 평범한 인물이 어떻게 놀라운 인생을 살아가는지를 섬세하게 담아낸 작품이다. 작품 속 주인공 포레스트는 지적 능력이 평균 이하인 인물로 나온다. 포레스트의 엄마는 그가 어릴 때부터 온 힘을 다해 달리라고 가르쳤다. 어렸을 적에는 친구들의 놀림과 무시로부터 도망치기 위해 달렸다면, 성인이 되어서는 전쟁터의 총알을 피하기 위해 달렸다. 그 이후로도 포레스트는 계속해서 달렸다. 평생을 오로지 앞만 보고 달리며 세월을 보낸 포레스트의 삶은 언뜻 보면 지극히 평범해 보일 수도 있지만, 그의 인생은 절대 평범하지 않았다. 포레스트는 열심히 달려서 럭비팀에 들어가고, 대학에도 입학하고, 남들과는 전혀 다른 인생의 길을 걸었기 때문이다.

평범을 자기 위안으로 삼고 있지는 않은가

포레스트는 평범한 사람일까? 평범함은 고사하고 포레스트는 지적 능력이 떨어지는 장애도 있었다. 하지만 그가 해낸 일들은 어떤 사람들보다 훨씬 위대하다. 그는 본인의 부족함을 자기 위안이나 현실 도피의 핑계로 사용하지 않았다. 오히려 아주 귀한 것으로 여겼으며, 남들보다 뒤처진다는 이유로 나태해지거나 실망하지 않았다. 그는 사소한 일에도 최선을 다해 최고로 만들었다. 그러나 실제로는 이렇게까지 해내는 사람이 드물다.

몇 년 전 우리 부모님과 왕래가 잦았던 한 친척도 그랬다.

당시 나는 갓 대학에 입학한 신입생이었다. 아버지와 그 친척은 매일 식탁에 앉아 이야기를 나누곤 했다. 나는 그들이 나누는 이야기가 궁금해서 매번 의자를 가져와 그들 사이에 앉았다.

미래 계획에 관한 이야기가 오갔을 때, 나는 흥분에 가득 찬 얼굴로 나의 꿈과 앞으로의 계획을 말했다. 그런데 그 친척은 내 이야기를 듣고 비웃듯이 피식 웃으며 술을 한 모금 들이켰다. 그러고는 평범한 삶의 소중함에 대해 일장 연설을 시작했다.

"세상은 네가 생각하는 것처럼 단순하고 아름답지 않아. 많은 사람이 고생하며 살고 있어. 세상은 노래 가사처럼 반짝일 것 같니? 무자비하고 인정사정없단다. 하나의 일을 성공시키기 위해 얼마나 많은 좌절과 시련이 따르는지 넌 상상도 못 할 거야."

그러고는 내가 고생해 보지 않아 어려움을 견디지 못할 거라며, 일찌감치 시집이나 가서 편하게 살라는 조언 아닌 조언을 했다. 그는 여기서 그치지 않고 "돈을 얼마나 벌었든, 사람은 누구나 빈손으로 태어나 빈손으로 돌아가는 거야. 삼시 세끼 걱정 없이 먹을 수 있다면 그걸로 된 거야. 부자들의 삶을 동경할 필요 없어."라고 말했다.

그의 말을 다 듣고 난 뒤, 나는 마음이 영 불편했다. 왜 자신의 기준을 나에게 강요하는 걸까? 자기가 뭔데 내가 원하는 삶을 자기 마음대로 정하지? 내가 속으로 화를 삭이고 있는 것을 눈치챈 아버지는 조용히 귓속말로 이렇게 말씀하셨다.

"저 사람이 어떤 사람인지를 파악하면 왜 그렇게 말했는지 이해할 수 있을 거야."

그래서 나는 그 친척이라는 사람을 관찰하기로 했다. 그는 1년 내내 낡아빠진 운동복을 입고, 뒤축이 닳아 없어지기 일보 직전인 신발을 신고 다녔다. 게다가 20년이 넘는 세월 동안 한 번도 승진하지 못해서 적은 월급으로 겨우 기본적인 생활 유지만 가능할 정도였다. 평소 그는 전반적으로 표정이 어둡고 활기가 없어 보였다. 그나마 술이 들어가면 생기 없는 그의 얼굴에도 옅은 미소가 살짝 번졌다.

아버지 말씀에 따르면, 그 친척이라는 사람은 스물 몇 살부터 쉰 살이 넘어서까지 단 한 번도 삶에 변화가 없었다. 본인도 스스로 변화할 생각이 전혀 없었다고 한다. 또 정신이 맑을 때는 지루하고 단조로운 삶이 진짜 인생이라고 주장하면서, 술에 취하기만 하면 자신보다 잘나가는 사람들을 멋대로 평가하고 비난하며 자신의 불안과 불만을 쏟아낸다고 했다.

그는 특별할 것 하나 없는 자기 자신을 받아들이지 못해 '평범한 게 좋은 거야.'라는 말로 자기 위안을 하고 있었던 것이다.

우리 주변에도 이런 사람들이 아주 많다. 그들은 "다 너 잘되라고 하는 말이야."로 시작해서 남의 인생에 이래라저래라 훈수를 둔다. 하지만 그것은 정말 '나를 위해서'가 아니라 그들의 '일방적인 생각'에 불과하다. 성숙한 대화를 할 줄 아는 사람은 자신의 입장에서 상대방을 가르치려 하지 않는다. 그들은 관찰자의 자세로 상대가 느끼는 어려움을 이해하려고 노력하고, 문제 해결 방법을 함께 고민한다. 함께 머리를 맞대고 고민하다 보면 혼자 고민했을 때는 보이지 않던 것들이 보이기도 하지 않는가.

누군가는 "밤늦게 엉엉 울어본 적 없는 사람은 인생을 논할 수가 없다"라고 말하지만 나는 이렇게 생각한다. 살면서 남들과는 다른 생각으로 도전해 보고 실패해 본 경험이 없는 사람은 평범함의 진짜 소중함을 이해하지 못한다. 평범함은 정말 귀한 것이다. 하지만 그것은 살면서 용기 있게 도전도 해 보고, 실패도 해 보고, 아파도 해 보면서 행복함을 느껴 본 사람만이 논할 자격이 있는 말이다. 그런 경험도 없이 평범함에 관해 이야기한다면 그것은 평범함을 자기 위안의 도구로 삼는 것에 불과하다. 평범함의 소중함을 알고 모르고를 떠나서 평범함을 자기 위안이나 자기 합리화의 도구로 사용해서는 안 된다.

나에게 투자하는 것만큼
확실한 투자는 없다

'투자의 신' 워런 버핏은 이렇게 말했다.

"한 개인이 할 수 있는 최고의 투자는 바로 자기 자신에게 투자해서 스스로 독보적인 존재가 되는 것이다."

자기 자신에게 하는 투자는 세금을 낼 필요가 없고, 인플레이션조차 당신에게 영향을 줄 수 없다. 무엇보다 당신이 직접 배우고 경험한 것은 누구도 빼앗아 갈 수 없다. 누구나 자기 자신한테 투자할 수 있다. 그러므로 자신에게 투자하는 돈을 아까워하지 마라. 돈이라는 자원을 개인의 능력과 재능으로 전환한다면, 그것은 당신의 일부가 되어 아무도 그것을 당신으로부터 빼앗을 수 없다.

나를 '포장'하라는 말이 아니다

'자신에게 투자하는 돈을 아까워하지 말라'는 말을 자신을 물질로 포장하라는 말로 오해하는 사람들이 있다. 한창 SNS를 뜨겁게 달궜던 글 '보여 주기식 삶으로 서서히 무너지는 젊은이들'에 이런 내용이 나온다. 요즘 많은 젊은이들이 자신의 수입을 고려하지 않고 오직 비싼 것, 명품만을 고집하는 경향이 있다. 그들은 자신의 내면을 갈고닦는 데는 관심이 없고, 오로지 화려한 물건들로 자신을 치장하기 바쁘다. 그 이유는 단 하나다. 사람들 속에서 가장 눈에 띄고 싶은 욕망 때문이다. 하지만 그로 인해 카드값 부담은 나날이 커지고, 동시에 그들의 내면은 점점 공허해진다.

자신을 포장하는 것은 대개 빈곤한 내면을 숨기기 위한 수단일 뿐이다. 반면 자신에게 투자하는 것은 내면을 가꾸고 풍요롭게 채워 나가는 과정이다. 그러므로 돈을 써서 외적인 조건을 바꾸려는 것은 나를 포장하는 행위일 뿐, 진정으로 나에게 투자하는 것이 아니다.

일단 나쁜 습관부터 없애라

사람은 누구나 나쁜 습관 한두 개쯤은 가지고 있다. 딱히 문제가 안 되는 것도 있지만, 한 사람의 일상에 큰 영향을 주는 나쁜 습관도 있다. 밤마다 야식을 먹거나 할 일을 제쳐놓고 친구들을 불러 노는 등 나쁜 습관이 오랜 시간 이어지면 한 사람의 인생을 망가뜨릴 수도 있다. 자신에게 투자하고 싶다면 나쁜 습관은 단호하게 끊어 내고, 의욕과 자신감이 가득 찬 삶을 향해 나아가라.

나만의 '고급' 취미를 기르는 데 투자하라

누군가는 이 말이 낯설게 느껴질 수도 있다. 취미란 진정으로 즐거워서 하는 활동이 아닌가? 그런데 취미를 기르라니, 이게 가능할까? 답은 간단하다. 어떤 일에 흥미를 못 느끼는 이유는 그 일에 대해 충분히 알지 못하기 때문이다. 하지만 그 분야를 이해하는 과정에서 당신의 관심을 자극하는 것이 있으면, 당신은 그 일에 강렬한 흥미를 느끼며 몰입하게 될 것이다.

직장 동료는 평소 글 쓰는 것 외에도 영화 감상을 취미로 즐겼다. 그러던 어느 날 스마트폰 배경 테마 디자이너가 되었다고 고백했다.

알고 보니 1년 전 스마트폰을 새로 구매했는데 마음에 드는 배경 테마를 찾을 수 없어 결국 그는 자신이 직접 배경 테마를 디자인하기로 마음먹었다. 그 일을 계기로 다양한 디자인을 만들어 보면서 점점 이 분야에 매료되었고, 작업을 거듭할수록 더 많은 재미를 느꼈다. 그러다 자신이 디자인한 배경 테마를 인터넷에 공유했고, 놀랍게도 그가 만든 디자인이 어느 스마트폰 회사의 눈에 띄어 계약으로까지 이어지게 된 것이다.

삶은 이처럼 흥미롭다. 시도하지 않는다면 내가 가진 취미가 나에게 돈을 벌어다 줄 수 있을지 어떻게 알겠는가? 그러니 지금부터라도 고급 취미를 하나 길러라. 그것이 바로 나에게 할 수 있는 멋진 투자다.

유한한 자금을 무한한 가능성에 써라

두 사람이 있다. A는 저축한 돈을 아파트 계약금으로 썼고, B는 자신에게 투자하는 데 썼다. 몇 년이 지나 둘의 삶은 어떻게 달라졌을까? A는 대출금 부담 때문에 늘 마음 졸이며 살고 있었고, 윤택한 생활은 불가능했다. 한편 B는 저축한 돈으로 기술을 배우고, 책을 사고, 인맥을 넓히는 데 사용했다. 매년 그의 이력서에는 경력이 한

줄씩 늘어났다. 그가 쌓은 인맥은 엄청났고, 승진 속도 역시 남들의 두 배에 달했다.

10년 뒤에는 더욱 격차가 벌어졌다. A는 과장으로 일하며 연봉 3,600만 원을 받았다. 반면 B는 5년 만에 과장으로 승진한 뒤 다른 기업으로 이직해 본부장 자리에까지 올랐다. 그 뒤로도 두 친구와 창업하여 주식을 갖게 되었고, 1억 2천만 원에 가까운 연봉을 받았다.

이처럼 자신에게 투자하면 수입 면에서도, 미래 성장 가능성 면에서도 남들보다 앞서 나갈 수 있는 무한한 가능성이 생긴다. 우리 각자가 가진 자원은 한정적이다. 따라서 자원을 현명하게 배분하고, 투자자의 마인드셋을 갖춰 자신을 끊임없이 자극하고 독려하여, 내가 이루고 싶은 삶의 모습을 만들어 나가야 한다.

노력보다 중요한 것은
방향이다

고등학교 동창 중 열 명 남짓한 친구들이 나와 같은 도시에서 고군분투하며 살고 있다. 졸업한 지 꽤 됐지만 우리는 여전히 잘 지내고 있다. 때때로 다 같이 모여 이야기를 나누면서 서로의 변화를 지켜보는 것은 꽤나 흥미로운 일이다. 어떤 친구는 학창 시절에는 별로 눈에 띄지 않았는데 몇 년간의 노력으로 두각을 나타내기 시작했고, 또 어떤 친구는 늘 주목만 받았던 학창 시절 때와 달리 사회에 진출해서는 좌절을 겪으며 의기소침해졌다.

우리는 모두 경쟁 사회 속에서 치열하게 살고 있다. 그런데 왜 같은 시작점에서 출발한 동창들 사이에도 이렇게 큰 격차가 생길까? 노력하면 보상을 받지만, 보상에도 큰 차이가 존재한다. 모두가 똑같이 열심히 일하는데도 왜 사람마다 직급이 몇 단계 이상 차이가 나고, 월급이 몇 배 이상 차이가 날까? 노력해 봤자 소용없는 일인가? 꾸준히 노력하는 것이 잘못된 것일까?

꾸준히 노력하는 것은 잘못이 없다. 다만 이 말은 올바른 길을 선택했다는 전제 아래 성립된다.

한 친구는 배우로 전향하기 전 6년간 민속 무용을 배웠었다. 그 당시 그녀는 몸이 유연하지 않았고 무용 경험도 전혀 없어서 연습 때마다 유독 힘들어했다. 기본 동작인 허리 굽히기, 측면 스트레칭, 다리 일자 벌리기조차 힘겨워했다. 그래서 무용 학교에 다니는 동안 그녀가 가장 많이 갔던 곳은 연습실이었다. 그녀는 자신이 다른 학우들에 비해 실력이 부족하다는 것을 잘 알았기 때문에 두 배로 더 연습했다. 그러나 그런 필사적인 노력에도 불구하고 그녀는 최고의 무용수가 되지 못했다. 이후 자신의 길을 잘못 선택했다는 걸 깨달은 그녀는 전공을 바꿔 연극영화과에 진학했고, 그 뒤로 '최고의 여배우'로 성장할 수 있었다.

어릴 때는 누구나 부모님과 선생님의 말씀에 따라 열심히 공부했을 것이다. 그때 우리에게는 선택의 여지가 없었고, 사람들이 우리를 평가하는 기준은 시험 점수였다. 그러나 사회인으로 사는 현실에서는 우리의 노력이 명확한 결과로 이어지지 않을 때가 많다. 또한 많은 일이 문제 풀나 시험처럼 뚜렷한 인과 관계가 없고, 열심히 노력해도 그에 상응하는 보상을 받지 못하기도 한다.

한때 여행 잡지 편집자로 일했던 동료에게 들었던 이야기다. 그녀는 매일 수많은 원고를 검토해야 했는데, 그중 잡지의 콘셉트와 전혀 어울리지 않는 원고는 즉시 탈락시켰다. 처음에는 탈락에 대한 이유를 적어서 회신해 주었지만 검토할 원고량이 많아지자 그러지 못했다.

보통의 저자들은 연속으로 몇 번씩 거절당하면 스스로 그 이유를 알아내거나 아니면 다른 잡지사에 원고를 투고한다. 그도 아니면 잡지사 요구사항에 맞게 성실히 원고를 작성한다. 그런데 한 작가는 예외였다. 그는 글 자체는 수준급이었지만, 원고 내용이 잡지사의 방향과 전혀 맞지 않았다. 그런데도 1년 내내 꾸준히 원고를 투고했다. 편집자였던 친구는 점점 회신하는 것이 부담스러워졌고, 나중에는 그 저자의 원고를 보면 바로 무시해 버리는 지경에 이르렀다.

당연히 그 작가의 입장에서는 '나는 글도 열심히 썼고, 노력도 충분히 했다'라고 생각할 수 있다. 하지만 그는 편집자의 완곡한 충고를 무시하고 잘못된 방향으로만 계속 걸어갔다. 설령 그가 좀 더 노력했다 하더라도 그것은 헛된 노력에 지나지 않는다. 왜냐하면 그가 고집하는 원고 내용은 그 잡지사가 원하는 내용이 아니기 때문이다.

그러므로 때로는 노력을 하고 안 하고의 문제가 아닐 수도 있다. 잘못된 방향을 고집하고 다른 사람이 선의로 하는 충고를 무시한 채 계속해서 파고들면 결국 사람들은 당신을 싫어하게 될 것이다.

만약 당신이 한 가지 목표를 위해 오랫동안 노력했는데도 효과가 없다면 자신이 노력해온 방향이 잘못되지는 않았는지 재고해 봐야 한다. 노력의 방향이 잘못됐다면 적시에 방향을 조정하여 더 큰 손실을 막아야 한다. 어쩌면 그다음에는 성공의 기쁨을 맛볼 수 있을지도 모른다.

살면서 수많은 실패를 겪었다면 당신이 충분히 노력하지 않았기 때문이 아니라, 아직 당신에게 꼭 맞는 길을 찾지 못했기 때문일 수 있다. 그러니 만약 자신이 '잘못된 길'을 선택했다고 느껴지면, 그 즉시 가던 길을 멈추고 다시 올바른 길을 선택해야 한다. 그래야만 더 빠르게 성공의 목적지로 달려갈 수 있다.

올바른 방향으로 노력해야 보상을 받는다

무엇이든 시작하기 전에 선택한 길이 올바른 길인지 신중히 고민해라. 올바른 길, 즉 나에게 적합한 길로 가야 자신의 재능을 최대한 발휘할 수 있다. 자신과 맞지 않는 길을 선택한다면, 아무리 노력해도 성공은 오히려 당신에게서 멀어질 뿐이다.

"절대 자기 자신에게 감동하지 마라."

몇 년 전 온라인을 뜨겁게 달궜던 말이다. 많은 이들이 겉으로 보기에는 열심히 살아가는 것처럼 보이나, 실제로는 무의미한 노력을 하며 에너지를 낭비하는 경우가 많다. 예를 들어 해가 뜰 때까지 밤을 새워 책을 읽거나, 며칠간 쪽잠을 자며 일하는 것 등이 그러하다. 그런데 당신이 이런 노력을 자랑스럽게 여긴다면 한 가지 사실을 상기시켜 주고 싶다. 굳이 비교하자면 노동 현장에서 일하는 사람들이 당신보다 훨씬 더 큰 노력을 기울이고 있을 것이다.

평소 당신이 '열심히 노력하는 사람'이라고 생각했던 이들이 실은 생각만큼 그렇게 부지런하지 않을 수 있다. 만약 당신이 자신에게 맞는 올바른 길을 선택해서 그 길을 꾸준히 걸어간다면, 그들을 뛰어넘는 것은 생각보다 어렵지 않다.

그러므로 새로운 시작을 앞두고 있을 때 '내가 무엇을 좋아하는지', '내가 무엇을 잘하는지', '어떤 길을 선택해야 할지'를 곰곰이 생각해 보자. 올바른 방향으로 노력하기만 하면 당신이 흘린 모든 땀은 절대 배신하지 않는다. 그리고 올바른 방향으로 노력하는 사람은 분명히 그에 상응하는 보상을 얻게 될 것이다.

효율적으로 노력하라

샤오미의 레이쥔雷軍 회장은 이런 말을 했다.

"부지런해 보이려고 하지 말고, 게으름을 숨기려고 하지 마라."

단순히 무언가를 하며 시간을 보내는 것은 진정한 노력도, 진정한 부지런함도 아니다. 눈이 가려진 당나귀처럼 머리를 숙인 채 미친 듯이 달리기만 하면 안 된다. 눈을 뜨고 앞을 보아라. 그리고 열심히 생각해라. 노력의 '방향'을 정확히 찾아야 능률적으로 일을 수행하고 더 많은 것을 성취할 수 있다.

일본 기업 내에서 야근은 일상이다. 직원들은 매일 아침 일찍 출근해서 늦게 퇴근한다. 게다가 항시 의욕이 넘치는 모습을 유지해야 한다. 일본에서 공부한 친구의 말에 따르면, 실제로 대부분의 사람은 회사에서 열심히 일하는 척하며 비효율적인 업무들로 시간을 때운다고 했다. 상사에게 열심히 일하는 인상을 주려면, 모든 업무를 다 마치고 퇴근 시간이 되어도 회사에 남아 부지런히 일하는 모습을 보여 줘야 한다는 것이다. 그러나 이런 행동은 사실상 '비효율적인 노력'이나 다름없다.

남보다 시간을 더 많이 투자하고, 남보다 더 늦게까지 야근하고, 남보다 더 나 자신에게 가혹해지는 것은 진정한 노력이 아니다. 진정한 노력이란 전심전력으로, 열정적으로 주어진 일에 임하는 것이다. 과거 밀가루를 갈아 만들던 시절을 예로 들어 보자. 자신이 직접 밀을 가는 사람은 아침부터 저녁까지 손과 발이 퉁퉁 붓도록 밀을 간다. 하지만 그렇게 일해서 얻은 밀가루는 겨우 한 포대밖에 되지 않았다. 반면 어떤 이는 강물의 흐름을 연구하고 물레방아를 만들어서 물의 힘으로 맷돌을 돌렸다. 그 사람은 편안히 침대에 누워 있기만 해도 하루에 열 포대의 밀가루가 생겼다. 노력의 양만 보면 전자가 후자보다 열 배 이상 더 노력했지만, 성과 면에서는 후자의 성과가 전자보다 열 배 이상 심지어 백 배 이상 클 것이다.

실제로 우리 주변에도 후자와 같은 사람들이 있다. 당신이 장래에 대해 아무 생각 없이 살고 있을 때, 그들은 일찌감치 확실한 목표를 정하고 그 목표를 향해 한발 한발 꾸준히 걸어가고 있다. 당신이 사회에서 이리 치이고 저리 치일 때, 그들은 꾸준히 안정적으로 더 높은 곳을 향해 올라간다. 어쩌면 당신이 흘린 땀과 눈물이 그들보다 훨씬 많을 수도 있다. 하지만 당신과 그들 사이의 격차는 이미 땀과 눈물만으로는 메울 수 없을 만큼 벌어져 있다.

칼럼니스트 렌웨連嶽는 이렇게 말했다.

"사고하지 않고 단순히 낮은 수준의 노력을 반복하는 사람들은 체력과 정신력을 모두 소진할 때까지 자신을 밀어붙이고 나서야 만족감을 느낀다. 그들은 그 과정에서 자신을 개선하거나 자기 가치를 높일 새로운 방법을 고민하지 않는다."

우리가 추구해야 할 노력은 단순하고 반복적인 노력이 아니라 자신을 성장시키고 발전시킬 수 있는 의미 있는 노력이어야 한다. 진정한 노력과 부지런함은 절대 겉으로 드러나지 않는다. 눈을 뜨고 앞을 보아라. 그리고 열심히 생각해라. 노력의 방향을 정확히 찾아야 능률적으로 일을 수행하고 더 많은 것을 성취할 수 있다.

타인의 기대는
타인의 몫이다

어느 집 아이든 한 번쯤은 겪는 악몽이 있다. 부모님의 따가운 눈초리를 받으며 "너 이 녀석, 다른 집 애들 좀 봐봐. 어떻게 그렇게 공부도 잘하고, 말도 잘 듣고, 집안일도 잘 돕는지. 네가 다른 집 애들의 절반이라도 해 준다면 소원이 없겠다."라는 모진 말을 듣는 꿈 말이다.

'다른 집 아이들'이 우리를 평가하는 기준이 됨에 따라, 우리의 마음도 상처와 원망으로 얼룩져 간다. 성인이 된 이후에도 나는 여전히 어릴 적 '다른 집 아이들'에 대한 고정관념이 남아 있었다. '다른 집 아이들'의 진정한 표본이었던 '여름이'를 알기 전까지는.

여름이는 모든 분야에서 매우 우수한 아이였다. 여유로운 가정환경, 우수한 학력, 우아한 외모, 교양 있는 말투까지. 그야말로 한 번만 봐도 호감이 절로 생기는 친구였다. 심지어 두루두루 뛰어난 조건을 갖고 있음에도 이를 남에게 뽐내지 않으니 누구와도 잘 어울렸다.

우리는 서로 친해진 후 우연히 '다른 집 아이들'에 대한 이야기를 나누게 되었고, 여름이는 마지못해 웃으며 자신의 이야기를 들려주었다. 어릴 적 나의 비교 대상이었던 '다른 집 아이'인 여름이의 삶은 지금껏 내가 생각했던 것과는 달리 오히려 지치고 외로운 삶이었다.

아주 어릴 적부터 타이트한 학업 스케줄로 바쁜 일상을 보냈던 여름이는 다른 친구들과 함께 놀고 싶었지만, 친구들이 자신에게 곁을 내주지 않았다고 했다. 가끔 운 좋게 한두 명의 친구가 생겨도, 여러 가지 상황으로 인해 그 관계마저 어긋나 버렸다고 말했다.

좀 더 크고 나니 주변 친구들도 더는 어릴 때처럼 무리를 지어 놀지 않았다고 한다. 하지만 그녀의 부담은 날이 갈수록 커졌다. 모든 과목에서 항상 일등을 유지해야 했고, 취미로 듣는 수업에서조차 긴장을 놓을 수 없었다. 마찬가지로 운동장에서도 다른 사람에게 밀리면 안 되었다. 그녀는 갈수록 더 바빠져서 친구와 놀 시간도 에너지도 없어졌다. 친구들 역시 서서히 그런 그녀에게서 멀어졌다. 그녀는 가장 꽃다운 시절인 학창 시절을 홀로 묵묵히 보낼 수밖에 없었다.

사회에 나와 일을 시작하게 된 여름이에게는 꿈도 목표도, 친한 친구도 남자친구도 없었다. 그녀가 유일하게 지키고자 한 신념이 있다면 그것은 바로 부모님의 기대에 부응하는 것, 그리고 자신을 키우느라 고생하시는 부모님을 실망시키지 않는 것이었다. 그래서 그녀는 일할 때도 필사적으로 노력했다. 그 결과 실적은 나날이 좋아졌고, 그럴수록 그녀의 부모님도 무척 흐뭇해하셨다. 반면, 그녀는 점점 지치고 외로웠다. 주변 동료들이 작은 목표를 하나씩 달성할 때 그녀는 굵직한 프로젝트를 따내며 주목을 받았지만 실은 조금도 행복하지 않았다.

여름이는 평소 가깝게 지내는 동료에게 조언을 구했다. 그 동료는 그녀에게 한 가지 질문을 던졌다.

"너는 무엇을 위해서 이렇게 열심히 사는 거야?"

그녀는 잠시 멍해졌다. 지금껏 그녀의 삶은 부모와 상사의 기대에 맞춰져 있었다. 그들의 기대에 부응하기 위해 인생을 통째로 바쳤는데, 아직도 무언가를 위해 해야 할 일이 있는 걸까?

당연히 있다. 바로 나 자신을 위한 삶을 사는 것이다. 그렇게 해야만 진정한 행복과 만족감을 느낄 수 있기 때문이다. 영리한 여름이는 동료의 질문에 숨은 뜻을 금방 깨닫고, 그동안 자신을 옭아매 온 족쇄를 찾아냈다. 그리고 이후로는 서서히 부모님과 상사의 기대에서 벗어나 자신이 진짜 원하는 것이 무엇인지를 고민하기 시작했다.

그 이후로 여름이는 자신의 스타일대로 자신을 꾸미기 시작했고, 자신의 방식대로 사람들과 소통하고, 자기 생각대로 삶을 꾸려 나갔다. 그 과정에서 그녀는 주변 사람의 기대에 부응해야 한다는 강박에서 벗어나 지금의 단단한 내면과 따뜻한 마음을 가진 여름이로 변화했다.

"예전의 나는 방관자였던 것 같아. 항상 멀찌감치 떨어져 냉정한 시선으로 내 인생을 방관했어. 하지만 지금의 나는 내 인생의 주인공이야. 나는 지금이 너무 좋아."

타인의 기대를 내 삶에 투영하지 않기

여름이는 이 말을 마지막으로 지난 25년간 그녀가 살아온 이야기를 끝맺었다. 그녀의 인생 이야기를 듣고 나니 〈세 얼간이^{3 Idiots}〉라는 영화가 떠올랐다.

극 중 불우한 가정환경에서 자란 라주가 나온다. 그는 병든 아버지와 시집을 못 간 누나와 함께 살았는데, 온 가족이 라주에게만 희망을 걸고 살아간다. 그의 가족들은 라주가 명문대를 졸업하고 나서 가난한 집안을 일으켜 주기를 바랐다. 그리하여 그의 손에는 8개의 반지가 끼워졌는데, 각 반지에는 가족의 염원이 담겨 있었다. 라주는 자신에게 쏠리는 가족들의 기대에 짓눌려 숨이 턱턱 막혔다. 그러다 한 차례 사건으로 생사의 고비를 넘긴 라주는 무언가를 크게 깨닫고 손에 끼고 있던 반지를 모두 빼버린다. 나는 이 장면을 보다가 가슴이 뭉클해져 눈물을 흘렸다.

인생은 긴 여정이다. 타인의 잣대에 위축되지 마라. 그 대신 자신의 마음에 솔직해지고 내가 진짜로 원하는 삶이 무엇인지 찾아라. 타인의 기대는 타인의 몫이다. 우리는 우리 자신이 원하는 것을 성취하면 된다. 나답게 살자. 그것이 이 세상에서 가장 가치 있고 멋있는 일이다.

주머니는 가난해도
생각이 가난하면 안 된다

19세기 최초의 억만장자이자 미국 석유 업계의 큰손 존 록펠러John Rockefeller는 이렇게 말했다.

"온종일 일만 하는 사람은 돈을 벌 시간이 없다."

언뜻 들으면 굉장히 모순적인 말이다. 일은 우리의 주요 소득원이다. 상식적으로 생각했을 때 열심히 일한 만큼 수입도 늘어나야 한다. 그러나 현실에서도 정말 그럴까?

내게 깊은 인상을 남긴 한 변호사가 있다. 그는 항상 부지런하고 바빴다. 다른 변호사들이 쉴 때도 그는 일한다. 그는 만날 때마다 빠르게 인사를 마치며 "왔어? 이 사건만 끝내고 같이 밥 먹으러 가자."라고 말하고는 바쁘게 일에 몰두했다. 같이 밥 먹으러 가자는 말은 언제나 말뿐이었다.

그의 가정 형편은 그리 좋지 않았다. 이런 상황에서 최근에 아이가 태어났고, 부인이 일을 그만두어 가족의 생계를 그 혼자 짊어져야 했다. 일반적으로 사람들은 변호사를 '높은 연봉을 받는 직업'으로 생각한다. 그의 업무량을 생각하면 당연히 소득도 그만큼 비례해야 맞다. 하지만 그의 아내가 말하길 살림은 여전히 쪼들리고, 아이에게 쓰는 돈이 많아 정작 두 사람은 오랫동안 옷 한 벌 새로 사 입지 못하고 있다고 말했다.

나는 그 말을 듣고 굉장히 의아했다. 심지어 그 변호사 대신 내가 다 화가 날 지경이었다. 그도 드라마 속 직장인처럼 상사 변호사로부터 압박을 받으며 과도한 업무량을 소화하고 있는데, 왜 수입은 적은 걸까? 나는 이 부분에 대해 그와 이야기를 나눠 보았다.

그는 분명 경험이 많은 베테랑 변호사다. 그런데 그 사람 밑에서 일하던 사람들 모두 그와 함께 일하기 어렵다는 이유로 보직 이동을 신청해 다른 변호사 밑으로 들어갔다. 이유를 물어보니 그의 '지나친 노력'이 문제였다. 그는 평상시 사소한 업무까지도 자신이 도맡아 처리했는데, 그 이유는 고작 몇만 원밖에 되지 않는 서류 검토 수당을 챙기기 위해서였다. 이로 인해 그의 밑에서 업무를 보조하던 사무원들은 자신이 필요 없는 존재로 느껴져 하나둘씩 그를 떠나갔다. 그 뒤로 그는 바빠질수록 열심히 일했고, 열심히 일할수록 더 바빠졌다. 하지만 그의 수입은 여전히 제자리걸음이었다. 변호사 일을 시작한 지 8년이 다 되는데도 그의 월급에는 거의 변화가 없었다. 반면 그와 같은 시기에 입사한 다른 변호사들은 대부분 각자의 분야에서 이렇다 할 실적을 내며 수입을 늘려가고 있었다.

열심히 일하는데도 가난한 이유

이쯤 되면 아마 당신도 느끼는 바가 있을 것이다. 그는 왜 열심히 일하는데도 여전히 가난한 걸까? 사실 문제는 그 변호사 자신에게 있다. 그는 경력이 오래된 변호사인 만큼 모든 일을 직접 처리하기보다는 자신의 업무를 부하 직원들에게 위임하여 그들에게 각각의 역할을 부여해 줘야 한다. 그렇게 해야 함께 일하는 직원들도 늘어나는 수입을 보며 더 의욕을 갖고 일하게 될 것이다. 동시에 그 자신도 바쁜 일로부터 해방되어 자신의 역량을 좀 더 중요한 일에 발휘하게 되고, 나아가 더 많은 기회를 모색할 수 있다.

재미있는 이야기가 하나 있다. 걸인 몇 명이 빌딩 안을 오가는 사람들을 부러워하며 이야기를 나누고 있었다. 그들은 어느 날 자신에게 돈이 생기면 그 돈을 어떻게 쓸 것인지를 상상했다. A 걸인이 말했다.

"나는 길가에 있는 저 고깃집을 사서 사흘 밤낮으로 먹을 거야."

이번에는 B 걸인이 말했다.

"나는 택시를 타고 도시 안을 온종일 돌아다닐 거야."

마지막으로 C 걸인이 말했다.

"나는 황금 밥그릇을 만들어서 나중에 구걸할 때 쓸 거야."

세 걸인의 웃지 못할 이야기는 우리에게 한 가지 교훈을 전한다. '가난할 수는 있지만, 절대 가난한 사고방식을 가져서는 안 된다.'

온라인에서 한창 유행했던 말이 있다. '가난은 상상력을 제한한다.' 사실 이 말처럼 우리의 상상력을 제한하는 것은 가난한 현실이 아니라 가난한 사고방식이다.

가난한 사고방식은 인지능력을 방해한다

　가난한 사고방식이란 근시안적인 사고를 말한다. 가난한 사고방식을 가진 사람은 남이 비웃을까 봐, 남에게 뒤처질까 봐 걱정한다. 이들은 새로운 변화를 거부하기 때문에 오직 자신이 편안함을 느끼는 '안전지대comfort zone'에서만 머무르려 한다. 하지만 시간이 지나면 환경이 주는 안정감으로 인해 사고가 굳어진다. 다양한 사고가 불가능해지면 사람은 결국 우물 안 개구리처럼 눈에 보이는 세상이 전부라고 생각하며 살게 된다.

　인지능력은 한 사람의 가치를 결정짓는 핵심 요소다. 하지만 인지능력은 주변 환경에 쉽게 영향을 받는다. 따라서 우리는 객관적으로 본질을 파악할 수 있는 인지능력을 길러야 한다. 무엇보다 누군가 내 그릇에 담긴 물을 가져갈까 봐 걱정하지 말고, '나'라는 사람의 그릇을 키워야 한다.

가난한 사고방식은 판단력을 흐린다

　우리는 과학기술이 빠르게 발전하는 시대에 살고 있다. 이런 시대에서 정보를 얻는 것은 전혀 어려운 일이 아니다. 대신 우리는 수많은 정보 속에서 유효한 정보를 어떻게 골라낼 것인지를 고민해야 한다. 가난한 사고방식은 우리에게 낯설고 배타적인 것은 위험하다고 말한다. 이런 생각이 머릿속에 각인되면 대부분의 사람은 자신의 감정에 치우친 생각만을 수용하고, 복잡한 정보 속에서 판단력을 잃어버린다. 가난한 사고방식에서 벗어나지 않는 이상 현실에서는 계속 잘못된 판단을 내리게 되고, 아무리 열심히 노력해도 악순환을 반복할 수밖에 없다.

이렇듯 정보라는 자원을 효과적으로 활용하고, '사용 가능한 모든 자원을 사용한다'라는 사고방식을 갖는 것은 효율적인 업무 수행을 위해 반드시 갖춰야 할 필수 능력이다.

가난한 사고방식은 용기를 잃게 만든다

기존의 것을 부수고 새로운 변화를 꾀하는 것은 엄청난 용기가 필요한 일이다. 하지만 생각이 가난하면 소심해지고 겁이 많아진다. 가난한 사고방식을 가진 사람은 얼마 없는 재산을 지키기 위해 아등바등 애를 쓴다. 그들은 재산을 더 많이 불릴 방법을 고민하기보다는 얼마 없는 이 재산을 어떻게든 잃지 않고 잘 지켜야 한다는 생각뿐이다. 이처럼 가난한 사고방식을 갖고 있으면 사람은 영원히 앞으로 나아갈 수 없다. 가난하다는 생각이 들기만 해도 꿈의 크기가 '성공한 사람이 되는 것'에서 '밥 한 끼 배부르게 먹는 것'으로 줄어든다. 이런 개인의 마음 상태는 현실에서의 행동에까지 영향을 줘 나중에는 정말 한 끼만 겨우 배불리 먹는 상황을 맞이할 수도 있다.

당신에게 돈이 없는 진짜 이유는 당신이 충분히 노력하지 않아서가 아니라, 돈을 벌어들이는 사고가 부족하기 때문이다. 돈 버는 사고를 키우는 데 있어 당신이 얼마나 대단한 사람을 많이 알고 있는지, 당신이 얼마나 대단한 자원과 배경을 가졌는지는 중요하지 않다. 그보다는 당신의 생각에 '전략적인 시각'이 있느냐가 훨씬 더 중요하다. 그러니 나에게 익숙하고 안정감을 주는 환경에 머물러 있지 말고 용기를 내 낯설고 새로운 것을 보고, 느끼고, 경험해 보자.

정말로 대단한 사람은 폭넓은 시야를 가지고 있다. 그리고 남들과는 다른 사고방식으로 여러 분야 사이의 연결고리를 찾아내고, 새로운 관점과 해석을 제시할 수 있는 사람이다. 그런 의미에서 보면 돈이 많다고 해서 그 사람이 꼭 진정한 비즈니스의 대가인 것은 아니다. 다만 이것만큼은 분명하다. 진정한 비즈니스의 대가는 자원을 탁월하게 활용하고, 미래 지향적인 시야를 가지고 있으며, 변화와 혁신을 두려워하지 않는 사람이다.

안정적인 삶만이
전부가 아니다

어느 날 밤, 부모님으로부터 전화가 걸려왔다. 두 분은 평소 사는 이야기를 하다가 입버릇처럼 또 그 이야기를 꺼내셨다. 대도시에서 힘들게 살지 말고 고향으로 돌아오라는 것이 말씀의 요지였다. 사실 부모님과 나는 이 주제로 벌써 몇 년째 신경전을 벌이는 중이다. 처음에 그 말을 들었을 때는 확고하게 반대 의사를 밝혔지만, 나중에는 아무 대꾸도 하지 않게 되었다. 그리고 이제는 차분한 마음으로 부모님의 말씀을 끝까지 들을 수 있는 상태가 되었다.

부모님은 이웃집 딸 소운이 얘기를 꺼내며, 그녀가 벌써 애 엄마가 되었다고 말했다. 은근히 부러워하는 말투였다. 물론 대놓고 부럽다고 말한 건 아니지만, 그 말속의 의미는 너무나 분명했다. 부모님은 내가 소운이처럼 고향으로 돌아와 안정적인 일을 하고, 결혼해서 가정을 꾸리는 등 무난하고 편안한 삶을 살기를 원하셨다.

하지만 두 분이 모르는 것이 있다. 실은 나와 소운은 종종 연락하며 지내는데, 그녀는 내게 안정적인 삶이 전혀 즐겁지 않다고 말했다.

소운은 유복한 가정환경에서 자란 데다 학교 성적도 우수했다. 그녀의 수능시험 성적은 대도시의 일류 대학에 충분히 입학 가능했다. 하지만 부모님의 권유와 설득으로 집 근처 일반 대학에 입학했고, 부모님 곁에서 안정된 삶을 사는 쪽을 선택했다.

그 이후로 소운의 삶은 정해진 궤도를 따라 안정적으로 흘러갔다. 그녀는 대학 졸업 후에 공무원 시험을 치렀고, 부모님 덕분에 이른 나이에 집도 장만했다. 직장에 적응한 후에는 선을 보기 시작했고, 모든 면에서 그녀의 조건과 어울리는 남자를 골라 결혼했다. 그녀의 삶은 마치 언제 어느 역에 도착해야 할지 정해져 있는 시간표에 따라 탄탄한 선로 위를 순조롭게 달리는 열차와도 같았다. 그러던 어느 날 갑자기, 그녀는 정해진 대로 흘러가는 자신의 삶에 지루함과 두려움을 느끼기 시작했다. '안정적인 삶' 속에서 자기 자신을 잃어버린 그녀는 자신이 해야 할 일이 무엇인지, 어떤 일을 해야 남들과 다른 가치를 만들어낼 수 있을지 몰라 답답해했다.

나는 그녀의 고충을 누구보다 잘 안다. 나 역시 대도시에 남아 치열하게 사는 쪽을 선택하기 전에 '안정된 삶'을 두고 진지하게 고민한 적이 있다. 내가 대도시에 남기로 선택한 결정적인 이유는 '안정된 삶'이 나의 욕구를 채워줄 수 없을 것이라는 판단 때문이었다. 여기서 내가 말하는 욕구란 자동차, 집, 돈과 같은 물질적인 것들이 아니다. 소운은 경제적으로 부유하기 때문에 중산층 이상의 생활을 누리며 살고 있다. 그렇다고 사랑이 부족한 것도 아니다. 그녀는 화목한 가정에서 남편의 사랑과 시부모님의 존중을 받으며 살고 있다.

미국의 심리학자 매슬로Maslow의 욕구 위계 이론에 따르면, 인간의 욕구는 생리적 욕구, 안전 욕구, 소속감과 애정의 욕구, 존경의 욕구, 자아실현의 욕구 등 총 5단계로 분류된다. 간단히 말해 가장 낮은 단계의 생리적 욕구는 먹고 마시는 것이다. 나머지 다른 욕구는 기본적인 의식주가 충족되어야 생겨난다. 즉, 사람은 굶주리지 않고 배부르게 먹을 수 있는 상황이 되어야 비로소 더 높은 수준의 욕구를 생각하게 된다. 사람은 생리적 욕구가 충족되면 안전 욕구를 느끼게 되고, 어느 정도 안전이 보장된 사회에서 살거나 일상에서 자신을 보호할 수 있을 정도의 힘을 가지게 되면 주변 환경으로부터 혼란, 공포, 초조함 등을 느끼지 않는다. 이 모든 상태를 두 글자로 정리할 수 있는데, 그것은 바로 '안정'이다.

꿈과 안정적인 삶 사이에서

우리 아버지 세대는 '안정'에 유독 집착한다. 그들은 이 두 글자만으로 마음이 든든해지고 안전하다는 생각을 하게 된다. 고향에서 일하면 거주할 집이 있고, 매월 안정적인 월급을 받을 수 있고, 아프면 가족이 병간호를 해 주니 정말 '안전한 삶'이라 부를 만하다. 하지만 만일 대도시에서 프리랜서로 일하게 되면 이번 달에 360만 원을 벌어도 다음 달에는 일자리를 잃게 될지도 모른다. 게다가 집주인이 나가라고 하면 살던 집에서 쫓겨날 수도 있고, 아파도 혼자서 견뎌야 한다. 부모님은 이 모든 것을 불안해하신다. 몇 번이고 내게 고향으로 돌아오라고 말하는 것도 다 이 때문이다.

하지만 두 분이 모르는 게 있다. 사람한테는 생리적 욕구와 안전의 욕구 말고도 소속감과 애정의 욕구, 존중의 욕구 그리고 가장 높은 단계인 자아실현의 욕구가 있다.

나는 말이 잘 통하는 친구도 필요하고 타인의 존중도 필요하다. 하지만 이런 것들보다 내게 훨씬 더 중요한 것이 있다. 나는 나 자신의 가치를 실현하고, 사회에서 인정받고 싶은 욕구가 있다. 이 점이 바로 나와 부모님이 서로 충돌하는 이유이자, 소운을 방황하게 만든 근본적인 원인이다.

소운은 뼛속까지 문학인으로, 시와 음악을 무척 좋아한다. 학창 시절에는 종종 자신이 쓴 글을 신문이나 잡지에 투고했었는데, 그중 몇 편은 실제로 게재되기도 했다. 그녀의 꿈은 소설가였다. 소설가가 되고 싶은 그녀의 꿈은 매슬로의 욕구 위계 이론 중 자아실현의 욕구에 해당한다. 하지만 그녀의 주변에는 자신이 꿈꾸는 것을 함께 이야기할 사람도, 자신의 꿈을 지지해 주는 사람도 없었다. 안락한 생활, 매일 정시에 출퇴근하는 일상, 때마다 다니는 여행, 이 모든 것이 그녀의 열정과 의지를 사그라들게 했다. 꿈을 좇는 길은 험난한 가시밭길과 비슷하다. 어쩌면 안락한 환경에서 온실 속 화초처럼 자란 그녀가 감당하기에는 너무나 버거운 길일지도 모른다. 그래서 그녀는 길 저편에 자신의 꿈이 있음에도 불구하고, 길목에 서서 아득하게 바라만 볼 뿐이다.

만약 다음 달 집세와 밥값 걱정을 해야 하는 상황이 아니라면, 나는 매일 밤늦게까지 야근하지 않았을 것이다. 만약 번듯한 집을 사고 싶은 마음이 없었더라면 나는 성장하기 위해 치열하게 노력하지 않았을 것이다. 만약 이 세상에 내 존재의 흔적을 남기고 싶지 않았다면, 나는 더 나은 삶을 위해 나 자신을 계속 갈고닦지 않았을 것이다. 나는 내가 원하는 이 모든 것을 위해 '안정적인 삶'을 포기했다. 그리고 지금은 내 안의 작은 불빛 하나를 움켜쥔 채 꿈을 향해 걸어가는 중이다.

오스트리아 작가 슈테판 츠바이크Stefan Zweig는 『마리 앙투아네트』에서 이렇게 말했다.

"그때 그녀는 너무 어려서 운명으로부터 받는 모든 것에는 은밀한 값이 매겨져 있다는 것을 몰랐다."

운명은 소운에게 안정적인 삶을 준 동시에 꿈을 실현할 기회도 함께 빼앗았다. 나는 소운에게 물었다.

"만약에 시간을 되돌릴 수 있다면 그때는 어떤 선택을 할 거야?"

그러자 소운이 답했다.

"배낭을 메고 집을 떠나 세상으로 나갈 거야. 너는?"

Part 5

바꾸고 싶다면
실행이 답이다

뛰어난 사람들의
공통점은 실행력

친구 지안이는 회사를 관둔 뒤로 지금까지 새로운 일자리를 찾지 못했다. 그녀는 일이나 보수에 관해 생각해 둔 것은 많은데, 여태껏 한 건의 이력서도 제출하지 못했다. 매일 아침 이력서를 제출하려고 마음먹지만, 저도 모르게 휴대폰 게임을 켜고 만다.

그 뒤로 6개월의 시간이 지났지만, 그녀의 구직 활동은 진척이 거의 없었다. 그녀는 매일 마음을 새롭게 다잡고 달라지려고 했으나, 막상 자신에게 닥칠 시련을 생각하니 이력서를 제출할 엄두가 나지 않았다.

나는 그녀의 소극적인 태도를 볼 때마다 이 말이 생각난다.

"지금 당장 행동하라. 그래야 바뀔 수 있다."

자신의 동년배보다 월등히 뛰어난 사람들에게는 대개 이런 장점이 있다. 우선 이들은 장기적인 시야를 갖고 있다. 그리고 무엇보다 고생을 두려워하지 않는 강단이 있고, 실행력이 다른 동년배들보다 몇 배는 뛰어나다.

실행력이 부족한 사람은 불안해하고 어찌할 바를 모른다. 이런 경우 사람은 헤어 나올 수 없는 무기력한 상태에 빠져든다. 그러니 행동하라. 인생을 바꿀 수 있는 가장 직접적이고 효과적인 방법은 행동하는 것이다.

아무것도 하지 않으면 아무 일도 일어나지 않는다

예전에 각본가 선배에게 시나리오를 쓸 때 가장 중요한 것이 무엇인지를 물어본 적이 있다. 그때 선배는 이렇게 대답했다.

"원고지를 펼쳐 첫 줄을 쓰는 것."

물론 나는 그 말이 과장된 표현이라는 걸 알고 있다. 사실 선배가 하려는 말은 이런 뜻이다. 생각이 공상에 머물도록 두기보다는 완벽하지 않은 아이디어라도 일단 실행에 옮기는 것이 낫고, 여기에 현실 상황을 고려한 구체적인 계획이 마련되면 목표를 효과적으로 달성할 수 있다는 의미다.

편안한 환경에서 오래 머물기만 하고 실행에 나서지 않으면, 아무리 변화하고 싶은 마음이 커도 결국 좋은 결과를 얻기가 어렵다.

알리바바 창업자 마윈馬雲이 남긴 매우 유명한 말이 있다.

"만일 당신이 행동하지 않는다면, 이는 '밤에 천 가지 길을 생각해놓고 아침에 일어나 원래 길을 걷는 것'과 다름없다."

아무리 좋은 아이디어를 가지고 있어도 행동으로 실행하지 않는다면 그 아이디어는 무용지물이다. 그러므로 더 나은 모습으로 변화하고 싶다면 먼저 행동하는 법을 배워야 한다. 진정한 의미의 행동이란 머리로만 열심히 생각하고 가만히 기다리는 것이 아니다. 오직 첫발을 내딛는 것만이 진정한 행동이다.

굉장히 감명 깊게 본 미국 영화 한 편이 있다. 영화 속에 등장하는 한 청년은 급히 일자리가 필요했다. 그에게는 먹여 살려야 할 식구가 있었기 때문이다. 그는 일자리를 구하러 여러 회사를 돌아다닌 끝에 한 차례 면접 기회를 얻게 되었다. 그 청년이 면접관과 조건 협의를 마칠 즈음, 갑자기 한 임원이 문을 열고 들어왔다. 그는 이미 협의가 끝난 계약서에 한 가지 조건을 더 추가했다. 그 조건은 바로 '운전이 가능한 사람'이었다.

공교롭게도 운전은 그의 취약점이었다. 하지만 그것 때문에 일자리를 놓칠 수는 없었다. 결국 청년은 그 임원이 운전이 가능하냐고 물었을 때 거짓말을 하고 말았다. 그는 임원 앞에서 운전도 할 줄 알고, 운전 실력도 뛰어나다고 자신 있게 말했다.

그러나 실상 그는 핸들을 잡아 본 경험조차 없었다. 임원은 그에게 나흘 후 다시 재시험을 보겠다고 말했다. 그리고 그때 그의 운전 솜씨를 보여 달라고 요청했다. 청년은 그렇게 하겠다고 대답했다.

이미 엎질러진 물, 그는 집에 돌아오자마자 오래된 자동차 한 대를 빌렸다. 그리고 친구의 도움을 받아 운전 연습을 시작했다. 둘째 날이 되자 청년은 제법 그럴듯하게 차를 몰게 되었고, 셋째 날에는 능숙하게 도로 위를 주행했다. 그리고 면접 당일, 그 임원은 청년의 운전 실력을 보고 그가 베테랑 운전사라고 판단해 그를 채용하기로 했다.

실행력이 뛰어난 사람들은 기다리지 않는다. 그들은 자신의 단점을 보완할 방법을 고민하고, 지금 당장 보완할 수 있는 단점이 있는지를 찾아본다. 그들은 문제에 부딪혔을 때 먼저 그 문제들을 자신의 문제로 인식한다. 이와 동시에 능동적이고 창의적으로 문제를 해결하고자 한다.

물론 영화에서 나오는 이런 이야기는 약간의 극단적인 환경에서나 생길 법한 상황이지만 실제로 뛰어난 실행력을 가진 사람들은 문제에 부딪혔을 때 이처럼 행동한다. 그 문제가 자신과 직접적인 관련이 있든 없든, 또 자신의 직급이 아무리 평범해도 문제를 회피하거나 미뤄 두지 않는다. 그들은 문제를 해결할 방법을 적극적으로 찾고, 문제에 대한 책임을 지는 일도 주저하지 않는다.

실행력이 격차를 만든다

어려운 문제와 과감히 싸우고, 적극적으로 해결하려는 사람은 성공할 수밖에 없다.

성공으로 가는 길은 절대 북적이지 않는다. 자신의 나태함을 극복한 사람만이 능동적으로 생각하고, 생각을 실행으로 옮길 수 있기 때문이다. 직장에서도 많은 이들이 로봇처럼 매우 경직되고 수동적인 방식으로 업무를 수행한다. 사람들은 생각하고 행동하기를 싫어하며, 다른 사람이 자신의 두뇌가 되어 주기를 바란다. 그리고 자신은 다른 사람의 명령에 따라 맡은 소임만 수행하고 싶어 한다.

사실 주체적으로 행동하기만 해도 그 사람은 이미 대다수 사람을 앞질러 가는 것이나 다름없다. 직장에서도 마찬가지다. 문제를 고민하고, 방법을 찾아내고, 그것을 실행하는 능력이 있는 사람은 항상 남보다 한발 앞선 경쟁력을 갖는다.

반면 머릿속에 아이디어는 많지만 행동을 머뭇거리는 사람은 불안하고 초조해한다. 하지만 '어떻게 행동할 것인가'에 대한 고민을 끊임없이 한다면 평범한 직급일지라도 혁신과 변화를 충분히 이끌어낼 수 있다.

태국에 아주 재미있는 공익 광고가 있다. 광고 내용은 어느 뚱뚱한 소녀가 새로운 모습으로 변화해 가는 이야기다. 어느 날 소녀는 신에게 절을 올리며 날씬한 몸을 갖고 싶다고 소원을 빌었다. 그러자 신이 그녀에게 말하길 매일 산 아래에서 물을 길어다 산 위에 있는 우물을 가득 채우라고 했다. 이 소녀는 곧바로 행동에 나섰다. 그녀는 매일 물 두 통을 산 아래에서 산 위로 들고 올라와 우물에 쏟아부었다.

소녀는 그렇게 꼬박 77일을 꾸준히 물을 길어 날랐고, 마침내 우물이 가득 찼다. 소녀가 우물 앞에 서자 우물에 소녀의 모습이 비쳤다. 오랜 시간 물을 길어다 나르는 동안 소녀는 이미 튼튼하고 날씬한 모습으로 변해 있었다.

이처럼 삶의 차이를 결정짓는 것은 신의 계시와 같은 어떤 불가사의한 힘이 아니라, 말한 대로 행동하는 실행력이다. 실행력이 없으면 모든 것은 제로상태이다. 그리고 실행력의 차이가 결국 사람과 사람 간의 격차를 만들어낸다.

내게 큰 울림을 준 명언이 하나 있다.

"실행력이 강한 사람은 살면서 후회할 일이 별로 없다."

흔히들 망설이며 행동하지 않는 것은 어쩌면 실패가 두려워서일지도 모른다.

하지만 실패하면 뭐 어떤가? 다른 사람의 비웃음을 두려워한다는 건 그만큼 당신이 강하지 않다는 걸 의미한다. 그러니 가만히 앉아서 1만 개의 성공할 가능성을 생각하지 말고, 지금 당장 잘할 수 있는 하나의 일을 시작하자.

뛰어난 사람은 두말하지 않고 행동하는 사람이다. 성공할 확률이 50%라고 해도 일단 시도해라!

우물 안 개구리로
살고 싶은가

한 친구가 시드니에서 돌아오자 그녀의 남자친구가 물었다.

"시드니가 호주의 수도지?"

친구가 대답했다.

"아니, 호주의 수도는 캔버라야."

그 남자친구는 살짝 창피했는지 애써 둘러대며 말했다.

"국내에서는 다들 그렇게 알고 있어."

그러자 친구가 그에게 물었다.

"너는 왜 모든 사람이 그렇게 생각할 거라고 확신하는 거야?"

남자친구가 대답했다.

"어쨌든 내 느낌에는 다들 그렇게 생각할 것 같아."

친구는 계속해서 호주의 수도가 캔버라라는 사실을 설명했지만, 그 남자친구는 끝까지 호주의 수도가 시드니라고 우겼다. 그렇게 둘의 대화는 불편한 감정만 남긴 채 끝났다.

사실 인터넷을 검색하면 바로 알 수 있는 문제인데도, 그는 검색해 보려고 하지 않았다. 그리고 자신이 믿고 싶은 대로만 믿으려고 했다. 보다시피 이 남자친구는 상식이 부족하다. 하지만 그가 상식이 부족한 이유는 그의 고집과 편견 때문이다. 그가 자신의 고정관념을 깨려고 하지 않는 이상 그의 생각은 편협할 수밖에 없다.

사람은 판단력이 부족할수록 더욱 고집스럽게 행동한다. 실제 현실에서 만나 보면 고집스러운 사람일수록 소통하기가 더 어렵다.

생각이 편협할수록 고집스럽다

한 번쯤 이런 경험을 해 봤을 것이다. 당신이 상대방에게 성공의 기반이 되는 논리를 알려 주고 문제를 여러 각도에서 분석해 타당한 조언까지 해 주었는데, 정작 상대방은 그 말을 전혀 들으려 하지 않는다. 심지어 상대방은 자신만의 이론을 고집하며 자신이 본 것만이 진실이라고 믿는다.

가장 흔히 볼 수 있는 상황을 예로 들어보자. 사랑에 눈이 멀어 연애를 빙자한 사기 범죄에 빠진 여자가 있다. 다른 사람들은 딱 보자마자 상대 남자가 여자를 속이고 있다는 것을 알아챈다. 하지만 여자는 고집스럽게 그 남자가 자신의 진짜 사랑이라고 믿는다. 물론 그 남자에게 상처를 받고 친구에게 도움을 청할 때도 있다. 하지만 그녀는 남자가 다시 잘해 주면 곧바로 그에게 다시 빠져든다.

한 가지 예를 더 들어 보자. 당신은 대학을 다니는 한 친구한테 입이 닳도록 말한다.

"게임을 줄이고 유용한 지식을 하나라도 더 배우려고 해 봐. 그게 정 어려우면 세상을 둘러보면서 견문을 넓혀 봐. 인생에 큰 도움이 될 거야."

하지만 친구는 되려 문화나 지식은 아무 쓸모가 없으며, 문제가 생겼을 땐 돈이나 인맥으로 해결하거나 운에 맡기면 된다고 생각한다. 상대는 당신이 말하는 모든 조언을 들으려 하지 않는다. 왜냐하면 그는 자신의 고정관념에 갇혀 고집스럽게 자기 합리화를 하기 때문이다.

얼마 전 나는 부모님과 회사 생활과 관련된 이야기를 나눴다. 부모님이 내게 말했다.

"매일 아침 일찍 출근해서 상사의 집무실을 미리 깨끗이 청소해야 한다.”

이에 내가 말했다.

“요즘은 사무실 청소를 전담해 주시는 아주머니가 계세요. 제가 상사의 방을 청소한다면 다른 사람의 일을 빼앗는 게 되지 않겠어요? 그리고 사람마다 잘하는 일이 다 다르잖아요. 저는 청소는 못하지만 다른 일은 잘해요.”

내가 이렇게까지 설명했는데도 여전히 부모님은 내가 게을러서 아침 일찍 못 일어나니까 이런저런 핑계를 대는 것이라 여기셨다. 나는 현대 사회의 기업은 분업이 명확하다는 사실을 알려드렸지만, 두 분은 여전히 고집스럽게 우기셨다.

“아침에 상사의 집무실을 깨끗이 청소한다는 건 그 사람의 품격을 보여 주는 행동이야.”

내가 아무리 현실을 말씀드려도 두 분은 고집을 꺾을 생각이 없어 보였다. 나는 목이 쉴 정도로 열변을 토하다 치밀어 오르는 화를 주체하지 못해 전화를 확 끊어 버렸다.

나는 화를 가라앉히고 난 뒤 생각해 봤다. ‘두 분은 왜 자꾸 고집스럽게 우기시는 걸까? 내가 잘 못하는 일이나 업무 외 일을 많이 하면 상사가 나를 좋게 봐줄 것으로 생각하는 걸까?’

사실 가장 큰 원인은 그들의 인식에 있다. 부모님은 급여 인상의 여부가 실적이 아니라 나에 대한 상사의 호감도에 달려 있다고 믿고 있다. 회사에서 겪은 내 경험을 토대로 두 분에게 설명도 해 봤지만, 그들은 받아들이지 않고 시종일관 자신들의 고정관념을 고수했다. 내가 아무리 증명하려고 노력해도, 두 분은 자신들의 생각을 바꾸지 않을 것이다. 왜냐하면 두 분 모두 자신의 경험만이 진리라고 인정하기 때문이다.

세상은 이미 변했는데, 그들은 여전히 낡은 사고방식에 갇혀 살고 있다. 그들의 세상은 편협하기 그지없고, 그 안에는 단 하나의 진리만이 존재한다. 그리고 그들은 이 세상의 변화를 전혀 받아들이지 않는다.

고집불통 태도는 자기 성장의 장애물

나이, 지식, 경험이 많은 사람이 자신보다 어리고 경험이 적은 사람과 소통하는 과정에서 종종 이런 상황이 발생한다. 사실 '이해'란 최종적으로 도달한 상태나 결론을 의미할 뿐, 이해에 이르기까지의 과정이나 노력을 의미하지는 않는다. 인지 수준이 낮은 사람일수록 생각이 단순해지고, 판단력이 떨어지며, 자기 생각에만 집착한다. 사람은 타인의 생각을 이해하고 이 세상의 다양성을 존중할 수 있을 때 고집스러운 태도에서 벗어날 수 있다. 왜냐하면 그 사람은 이 세상에 자신과 다른 사람들도 있다는 것을 알고 있기 때문이다. 나와 다른 생각을 포용하지 못하는 '고집'은 '집념'이 아니라 '꽉 막힌 불통'이다.

이와 같은 고집불통인 태도는 자신의 소신을 지키려는 태도가 아니라, 현실을 인정하지 못하고 나와 다른 의견을 받아들이지 못하는 상태에 불과하다. 고집불통인 사람들은 현실 세계의 다양한 모습을 보려고 하지 않는다. 그래서 그들이 자기 생각과 다른 현실을 보여 주면 굉장히 예민하게 반응한다. 만약 그들에게 더 넓은 세상을 보여 주고자 그들의 고정관념을 깨려고 시도하면 오히려 그들의 저항과 반대, 혹은 공격을 받게 된다. 심지어 이들의 고정관념은 과도한 편견이나 집요함으로 변질할 수 있다. 사람이 이런 상태에 이르면 더는 발전하고 성장하기가 어려워진다.

진정으로 훌륭한 사람은 타인과 이 세상으로부터 기꺼이 배우고자 한다. 그들은 자기 생각이 항상 최선은 아니며 언제든 수정할 수 있는 것으로 여긴다. 자신의 고집이 성장을 가로막고 더 넓은 세상을 이해하는 데 방해가 될 수 있다는 것을 잘 알고 있다.

지나친 고집은 사람을 점점 극단적이고, 편협하고, 폐쇄적인 성향으로 바꾼다. 다시 말해 세상의 다양성을 포용하지 못하고 이 세상이 돌아가는 기본 원리를 이해하지 못한다면, 그 사람은 새로운 것을 배우고, 생각하고, 받아들이는 능력이 떨어질 수밖에 없다.

과거 미국의 심리학자 조지 알렉산더 켈리George Alexander Kelly는 '개인적 구성 개념personal construct theory'이라는 이론을 발표했다. 그는 "한 사람의 개념은 개인의 과거 경험, 기대, 평가, 사고 등에 의해 형성된다."라고 말했다.

그렇다. 학습 과정은 사실 모델 하나하나를 구축하는 과정이다. 자신이 과거에 본 것들을 조금씩 천천히 대뇌에 쌓아 두는 것으로 이해하면 된다. 우리가 구축한 모델이 많아질수록 비슷한 유형의 일을 처리하는 속도가 점점 빨라지고, 인지 영역 역시 갈수록 더 넓어진다. 인지능력이 낮고 자기 생각만을 집요하게 고집하는 사람이 단편적으로만 사고하고 융통성이 부족한 이유가 바로 이 때문이다. 왜냐하면 오랜 시간 대뇌 안에 쌓아 둔 모델이 단일 모델밖에 없기 때문이다. 그래서 이들은 복잡한 세상과 마주했을 때 이러한 현실을 받아들이지 못하고 고집스럽고 편협한 생각으로 현실을 부정한다. 오랫동안 더 넓은 세상을 향해 마음을 열지 않은 결과인 셈이다.

결국 더 넓은 세상을 경험할 용기가 있는 자만이 더 깊이 있게 사고할 수 있고 더 완벽한 소통 능력을 갖출 수 있다. 아울러 다양한 지식과 경험을 체득해야만 더 다각화된 생각과 관점을 갖게 된다.

지금 우리는 복잡하고 다원화된 세상을 살고 있다. 한 가지 방법만으로 세상의 복잡한 문제를 해결할 수 없다. 따라서 비슷한 유형의 문제에 부딪혔을 때 한 가지 해결책에만 매달릴 것이 아니라, 다양한 해결 방법을 고민하고 그중에서 가장 최선의 해결책을 선택해야 한다.

예를 들어 우리는 직업을 선택할 때 단순히 그 직업의 특정 장점만 고려해서는 안 된다. 그 직업에 종사했을 때 어떤 면에서 성장할수 있는지 그리고 그 일을 하면서 얼마나 많은 것을 배울 수 있을지도 고려해야 한다. 그래야만 앞으로 경험하게 될 더 넓은 세상에서 더 많은 것을 얻고 더 많은 미지의 영역을 발견하게 될 테니까 말이다. 이것이 바로 아는 것이 많아질수록 스스로 무지하다는 것을 깨닫게 되는 이유다.

이처럼 인지 수준이 더 높아진 상태에서 바라보는 세상은 더 넓고 광활하다. 그때의 당신은 더 이상 우물 안 개구리가 아니다.

우물에서 뛰쳐나오면 더 넓은 세상을 보게 될 것이다. 그러니 자신의 관점에 문제가 없다는 생각이 들수록 자기 생각에 너무 매몰되지 않도록 주의하자.

편안한 삶을 원한다면
자신에게 엄격해져라

사촌 여동생 인혜가 내게 문자로 한탄했다. "나 진짜 운이 없나 봐. 박사 과정에 지원해서 나는 떨어졌는데 친구는 붙었어."

나는 답장에 이렇게 썼다. "당연한 결과 같은데? 지난 1년 동안 친구는 정말 독하게 준비했는데 너는 그만큼 노력하지 않았잖아."

그러자 사촌 여동생이 짤막하게 답장했다. "맞는 말이네." 그녀는 내 말을 부인하지 않았다. 그녀 역시 "내가 요행을 바라고 있을 동안 친구는 성실하게 공부했지."라고 순순히 인정했다.

대개 사람들은 '나는 운이 안 좋아.'라고 생각한다. 그러나 사실 신은 공평하다. 이 세상에 모두가 부러워하는 금수저의 삶을 사는 사람은 그리 많지 않다. 마찬가지로 이 세상에 쉬엄쉬엄 일하면서 큰 돈을 버는 사람은 지극히 소수일 뿐이고, 사는 복권마다 줄줄이 당첨되고 길을 걸을 때조차 돈을 줍는 행운이 따르는 사람은 이 세상에 거의 없다.

이 세상 대부분의 사람은 무언가를 희생해야만 무언가를 얻을 수 있는 평범한 사람들이다.

고생을 두려워하면 평생 고생하게 된다

학교 후배는 무슨 일이든 남들이 쓰는 시간의 절반밖에 쓰지 않는다. 가령 그녀는 이탈리아어를 공부할 때 자신을 방 안에 가두다시피 했다. 그녀는 잠잘 때와 밥 먹을 때를 제외한 나머지 시간에는 공부만 했다. 심지어 샤워할 때도 단어를 암기하느라 여념이 없었다. 약간의 일상 회화가 가능해졌을 즈음 그녀는 짐을 싸서 이탈리아로 떠났다. 그리고 그곳에서 어떻게든 현지인과 소통하려고 노력했고, 귀국 후 그녀의 회화 실력은 몰라보게 유창해져 있었다. 단기간에 이뤄낸 그녀의 언어 실력은 정말 놀라웠다.

이번에는 다이어트를 결심한 어떤 상사의 이야기다. 일반 사람들은 설탕을 끊는 과정을 극도로 고통스러워한다. 하지만 그녀는 그 고통스러운 과정을 버텨 냈다. 가령 여러 사람이 모인 자리에서 케이크가 나오면 그녀는 그것을 독약이라고 생각하고 멀리했다. 생일 때도 다르지 않았다. 그녀는 아주 살짝 맛만 본 뒤 그 뒤로는 케이크에 손도 대지 않았다. 이뿐이 아니다. 그녀는 비가 오나 눈이 오나 헬스장으로 달려가 운동을 했다. 그녀의 운동 의지는 지진, 태풍, 산사태가 한꺼번에 몰아닥치지 않는 이상 절대 꺾이지 않았다. 결국 그녀는 두 달 만에 20킬로그램을 감량하는 데 성공했다.

다음은 친구의 이야기다. 어느 날 그녀의 아버지가 병으로 입원을 하셨는데, 하필 승진을 앞둔 중요한 시기였다. 공교롭게도 집 계약 만기일까지 다가오고 있었다. 매일 분주히 움직여야 했던 그녀는 하루에 커피를 석 잔씩 마시며 기운을 차렸다. 그녀는 병원에서 아버지를 간호하면서 원격으로 회사 업무를 처리했다. 그녀는 그 뒤로도 5시간 동안 짐을 싸 이사를 마쳤고, 이 모든 과정을 지체 없이 단 한 번에 끝냈다. 그렇게 정신없는 하루가 끝날 무렵 그녀의 아버지가 돌아가셨다. 그녀는 의사로부터 아버지의 사망 소식을 들은 뒤 화장실에서 혼자 3분 동안 눈물을 쏟았다. 그녀는 곧바로 화장을 고치고 마음을 진정시킨 뒤 회사의 VIP 고객을 만나러 갔다. 그리고 그 미팅에서 큰 계약을 성사시켰다. 모든 일정을 마친 뒤 다시 병원으로 돌아온 그녀는 비로소 그제야 목 놓아 크게 울었다.

나는 누구에게나 힘이 있다고 믿는다. 진흙탕 수렁에 빠진 자신을 일으켜 세울 수 있는 그런 힘 말이다. 나는 그 힘이 '강인함'이라고 생각한다.

많은 이들이 "자기 자신에게 관대해져라."라고 말한다. 하지만 나는 그들이 말하는 '관대함'은 방종과 나태함이라고 생각한다. 예를 들어 어떤 이는 패스트푸드를 먹으면 살이 찌고 야식이 건강에 좋지 않다는 것을 알면서도 먹는다. 심지어 몸에서 경고 신호를 보내고 있음에도 운동을 게을리한다. 또 어떤 이는 머리가 어지러울 정도로 게임은 하면서 책은 단 한 권도 읽지 않는다. 어디 이뿐인가. 식당에서 배부르게 식사를 하고도 디저트까지 꾸역꾸역 먹어 치우는 이가 있는가 하면, 노래방에서 실컷 놀고도 PC방에 가서 밤을 새우는 이들도 있다. 이들 중 누구도 자신이 하는 행동이 고통스럽다고 생각하지 않는다.

진정한 강인함은 나약함을 극복하고 나태함을 이겨냈을 때 생긴다.

대만 평론가 리아오^{李敖}는 이렇게 말했다.

"고생을 두려워하지 않으면 반평생을 고생하겠지만, 고생을 두려워하면 일평생을 고생하게 된다."

자신에게 엄격하지 않으면
삶이 당신에게 가혹해질 것이다

자신에게 엄격하다는 것은 시련과 역경을 피하지 않고 감내함으로써 내게 주어진 삶을 온전히 받아들이는 태도를 의미한다. 내가 스스로에게 엄하지 못하다면, 삶은 나에게 가혹해질 것이다. 따라서 가만히 앉아 불평만 하지 말고 나는 왜 그저 그런 결과밖에 얻지 못했는지 생각해 보자. 변화하려 하지 않고 계속 내일로 미루기만 하면 결국에는 보잘것없는 사람으로 전락하게 될 것이다.

자신에게 엄하지 않은 사람은 자신이 얼마나 멋지게 변할 수 있을지, 달라진 자신의 모습이 얼마나 아름다울지 알지 못한다.

지금 이 순간 자신에게 엄한 사람은 언젠가 자신이 얻고자 하는 것을 얻을 것이다. 물론 처음에는 나 자신을 엄격하게 다스리기 어려울 수 있다. 하지만 이 또한 한번 습관을 들이면 자연스레 몸에 밴다.

진흙탕 수렁에서 자신을 일으킬 수 있는 사람, 용기와 결단력을 가진 사람, 세상은 그들에게 길을 열어 준다. 그런 그들에게 해내지 못할까 봐 두려운 일이란 없다.

자세히 관찰하면 당신의 눈에도 보일 것이다. 뛰어난 사람들이 뛰어난 이유는 첫째, 상식이 풍부하고, 둘째, '본능을 거스르는 힘'이 있기 때문이다. 사실 상식을 갖는 것 자체는 어려운 일이 아니다. 누구나 쉽게 할 수 있는 일, 가령 게임하기, 노래 부르기 등 이런 것들을 해냈다고 해서 우리가 뛰어나다고 말할 수 있을까? 아니다. 진정으로 뛰어난 사람으로 거듭나는 과정에는 '자제력'이 필요하다. 자제력을 가지려면 보다 심층적이고 이성적인 사고능력이 뒤따라야 한다. 아울러 이런 사고능력을 기를 수 있는 사람만이 평범함을 뛰어넘어 더 가치 있는 삶을 살 수 있다.

본능을 거스르는 것 또한 굉장히 어려운 일이다. 그래서 대다수 사람은 금세 포기해 버린다. 하지만 본능을 거스르는 선택을 할 수 있어야 남보다 앞선 경쟁력을 얻을 수 있다. 사람은 본능에 순응하기 시작하면 욕망을 주체할 수 없게 된다. 그러면 우리의 인생은 도미노처럼 연쇄적으로 무너져 영원히 수동적으로 끌려가는 삶을 사는 신세가 된다.

자신에게 엄격하지 못하고 현재에 순응하려고만 하는 사람, 미래의 위험을 인지하지 못하고 매번 익숙한 선택만 하려는 사람은 결국 평범한 다수가 될 수밖에 없다. 반대로 앞으로 나아가야 할 방향을 이성적으로 판단할 수 있는 사람, 고통 뒤에 어떤 것을 얻을 수 있는지를 아는 사람은 모두 인생의 중요한 순간에 현명한 판단을 내릴 수 있다. 또한 더 높은 수준의 이성적인 사고로 본능을 이겨 낼 수 있는 강한 사람들이다.

본능을 거스른다는 것은 이처럼 고통스럽다. 우리의 욕망이 향하는 방향과 정반대의 선택을 해야 하기에, 본능을 거스를 수 있는 사람은 애초부터 소수일 수밖에 없다.

자신에게 엄한 사람은 이성적이고 현실적이다. 그들은 따뜻한 물 속에서 쪄 죽어가는 개구리가 되기를 거부한다. 그들은 원하는 것을 얻으려면 그에 상응하는 대가를 치러야 한다는 것을 알고 있다. 또한 그들은 무작정 자신을 엄하게 대하지 않는다. 목표를 달성하기 위해 자신의 가치와 일의 가치를 냉정하게 분석하고, 노력과 성과의 균형을 유지하려고 노력한다.

어찌보면 자신에게 엄한 사람이 더 큰 욕망을 가지고 있다고도 볼 수 있다. 그들은 일시적인 쾌락보다 더 큰 것을 원하기 때문에 잠깐의 고통을 감내하고 즉각적인 만족을 포기하는 것이다. 그들이 지금 당장 '사탕'을 먹지 않는 것은 나중에 더 많은 '사탕'을 먹을 수 있다고 믿기 때문이다.

마지막으로 자신에게 엄한 사람은 내면이 강한 사람이다. 그들도 실패를 두려워하고 눈물을 흘리기도 한다. 하지만 그들은 좌절과 실패가 계속돼도 그대로 주저앉지 않는다. 그보다는 빠르게 짐을 챙겨 자신의 목표를 향해 끝까지 걸어간다.

그러니 기꺼이 자신에게 엄격해져라. 삶은 당신에게 포근한 품이 되어 줄 것이다.

유리 멘탈에서
다이아몬드 멘탈로

최근 몇 년간 '둔감력'이라는 단어가 자주 언급된다. 사람들은 대개 털털한 사람을 '둔감한 사람'이라고 말하고, 예민한 사람을 '유리 멘탈'이라고 표현한다. 둔감한 사람은 종종 상대방 말의 속뜻을 알아채지 못할 때가 있어 '눈치 없다'는 소리를 듣기도 한다. 반면 예민한 사람들은 대체로 유리 멘탈이어서 다른 사람이 하는 말에 지나치게 반응하고 남이 나를 어떻게 평가할지 수시로 신경 쓴다.

내가 아는 한 친구는 전형적인 '유리 멘탈'을 가진 사람이다. 그녀는 자신의 옆을 지나가던 동료가 자신을 슬쩍 쳐다보는 것 같으면 느닷없이 이런 생각부터 떠오른다. '오늘 볼 터치가 너무 진한가? 아니면 화장이 너무 두꺼운가?' 등 온갖 생각이 떠오르면서 마음이 불안해진다. 그녀는 남자친구에게 문자를 보내고 나서도 가만히 있기가 힘들다. 야근 중인 남자친구의 답장이 오기 전까지 그녀는 머릿속에서 상상의 나래를 펼친다. 이뿐이 아니다. 누군가가 농담을 하면 상대가 자신을 깎아내릴 의도로 한 말이라고 여겨 그때부터 그 사람을 피해 다닌다. 물론 친구도 스스로 자신이 유리 멘탈임을 인정한다.

감정을 다스리지 말고, 문제를 해결하라

유리 멘탈을 가진 사람은 대개 예민하고, 자기중심적이며, 쉽게 상처받는다. 이들은 다른 사람의 생각을 자신의 논리에 따라 왜곡해서 해석하고, 별일 아닌 사소한 일도 크게 부풀려 확대해석하는 경향이 있다. 따라서 의도치 않은 억울한 상황이나 무심결에 내뱉은 말이 그들에게는 치명상이 될 수 있고, 그로 인해 예상치 못한 감정 폭발이 일어날 수도 있다.

사실 예민한 성격 때문에 상처를 받는 것은 타인이 아니라 그들 자신이다. 유리 멘탈을 가진 사람은 자신이 상처받고 힘들어할 때 상대가 아무렇지 않은 태도를 보이거나 혹은 상대방 스스로 무슨 실수를 했는지 모를 때 자신이 무시당했다고 느낀다.

가끔 친구도 감정을 주체하지 못하고 자기변명을 쏟아낼 때가 있다.

"너는 내가 유리 멘탈이라고 말하지만, 그건 네가 똑같은 상황을 겪어 보지 않았기 때문에 그렇게 말하는 거야. 너한테 그런 상황이 닥치면, 너라고 다르지 않을걸!"

그녀의 말에 나는 이렇게 대답했다.

"감정을 다스리려고 하지 말고, 문제를 해결하려고 해 봐."

내가 관찰한 바에 따르면, 사람마다 예민한 부분과 스트레스를 견디는 한계가 조금씩 다를 뿐, 사람은 누구나 마음이 약해질 때가 있다. 겉으로 보기에 차분하고 대범한 성인도 일이 뜻대로 풀리지 않거나 심한 압박을 받을 때, 혹은 주변의 냉대를 받을 때 마음이 약해질 수 있다. 그리고 이러한 감정 기복은 지극히 정상적이다. 하지만 지나치게 예민한 사람은 일단 자신의 감정을 다스리지 못한다. 이들은 상황을 부풀려 생각하고, 필요 이상으로 상처를 되새김질한다. 분명 더 좋은 해결 방법이 있음에도 불구하고, 그들은 자신의 감정과 상대방의 태도에 지나치게 얽매여 문제의 본질을 보려고 하지 않고, 문제 해결 방법을 찾으려 하지 않는다.

그들이 이런 안타까운 상황에 몰리는 이유는 대개 자신의 능력은 따라 주지 않는데 자존심만 세우려 하기 때문이다. 그래서 제삼자로부터 자신에 대한 현실적 평가를 받거나, 누군가가 자신의 얄팍한 자존심을 건드리면 기대와 현실 사이의 괴리감에 큰 충격과 상처를 받는다. 이들은 또 자신감과 심리적 안정감이 많이 부족하기 때문에 대체로 대인관계가 원만하지 않거나 극단적일 때가 많다. 유리 멘탈을 가진 사람은 손이 닿기만 해도 잎을 오므리는 미모사를 닮아 누군가 자신의 감정이나 자존심을 건드리면 과잉 반응하며 주변 사람을 놀라게 한다. 게다가 이들은 마음의 문을 닫고 혼자만의 세계에 갇혀 자기 자신을 불쌍히 여긴다. 그리고 이렇게 하면 타인에게 상처받지 않을 것으로 생각한다. 마치 바깥세상은 위험한 곳이라고 지레짐작하며 동굴 밖으로 나오지 못하는 양처럼 말이다.

타인의 평가에 매달리지 마라

"나 자신이 허락하지 않는 이상, 이 세상 그 누구도 나에게 상처 줄 수 없다."는 말처럼 사람이 느끼는 근심의 80퍼센트는 모두 자기 자신에게서 비롯된 것이다. 자신의 예민하고, 소심하고, 여린 마음이 끊임없이 자신을 괴롭힌다.

사람들은 세상의 가장 큰 적이 자기 자신이라고 말하지만, 나는 세상의 가장 큰 조력자 역시 자기 자신이라고 생각한다.

우리가 예민하고 쉽게 상처받는 이유는 외부의 평가에 의존해 살아가기 때문이다. 그래서 타인에게 좋은 평가를 받으면 기분이 좋아져 어깨가 들썩거리고, 비난이나 지적을 받으면 분개하며 괴로워한다. 하지만 이처럼 습관적으로 자신의 가치를 매기는 기준을 타인의 의견에 의존하고, 자신의 감정이 계속 타인의 반응에 좌우된다면, 일상은 늘 불안하고 일을 하면서도 걱정이 머리에서 떠나지 않을 것이다.

사실 예민하고 쉽게 상처받는 근본적인 이유는 자신만의 생각과 신념이 없어서다. 다시 말해 사람은 어떤 일에 대해 확고한 판단을 내릴 수 있을 때 아는 것과 행하는 것이 일치되고, 타인의 지적과 비난에 민감하게 반응하지 않고 이성적으로 대처할 수 있게 된다. 그리고 이러한 상태에 이르렀을 때 비로소 진정한 내가 보인다. 결국 진정한 의미의 성숙은 유리 멘탈과 작별하는 데서 시작된다.

지적과 비난에 타격을 잘 받지 않는 사람은 자신의 시간과 에너지를 다른 사람에게 낭비하지 않는다. 왜냐하면 그들은 자신만의 가치 기준이 확실하고 명확하기 때문이다. 또 이것은 성숙한 사람이 되기 위한 전제 조건이기도 하다. 성숙한 사람은 이성적인 사고로 감정적인 사고를 통제할 줄 안다. 그들은 매 상황에서 얻은 교훈과 경험을 토대로 자신의 스트레스 소화 능력을 키워 다음번에는 똑같은 상처를 받지 않으려고 노력한다.

살기 바쁜 세상에서 누구에게 둘러싸여 있을 필요도 없고, 다른 사람의 표정과 기분을 신경 쓸 필요도 없다. 사람들은 만만해 보이는 사람일수록 더 쉽고 하찮게 본다. 결국 실력이 있어야 더 많은 존경을 받을 수 있다. 실력이 따라 주지 않는데 자존심을 앞세우는 것은 논할 가치가 없다. 그러므로 남에게 화를 내는 대신 실력을 키우며 성장할 수 있는 방법을 고민해라. 충분한 실력을 갖추면 상대방은 저절로 당신을 다르게 바라볼 것이다. 자존감은 내가 억지로 우긴다고 생기지 않는다. 마찬가지로 남에게 의존해서는 자존감을 찾을 수 없다. 자존감은 오직 자신의 노력으로 얻어지는 것이다.

강한 사람으로 변해 가는 과정은 내면을 단단하게 만들고 실력을 탄탄하게 쌓아 올려 '만 개의 화살에 찔려도 천하무적 상태'가 되는 것이다. 독하게 마음먹고 '유리 멘탈'을 끊임없이 깨부수어야만, 어떤 화살이 날아와도 뚫리지 않는 '다이아몬드 멘탈'을 가질 수 있다. 이러한 노력을 거듭하는 과정이야말로 진정한 의미의 성숙이라 할 수 있다.

그렇다. 성숙은 감정에 무뎌진 상태도, 모든 것에 신경 쓰지 않는 태도도 아니다. 진정으로 성숙한 사람은 자신이 예민해지고 마음이 약해질 때 그런 상태를 무조건 부인하고 밀어내는 것이 아니라, 자신의 마음 상태를 온전히 느끼고, 받아들이고, 긍정적인 방향으로 이끌어 가는 사람이다.

유리 멘탈과의 작별은 자신의 예민한 감정을 더 잘 수용하기 위한 선택이다. 예민하고 섬세한 사람은 쉽게 상처받고 무너지기도 하지만, 그만큼 감동도 쉽게 받는다. 그래서 상대가 조금만 잘해 줘도 그들은 그 사실을 기억하고 더 크게 보답한다. 또 예민하고 섬세한 사람은 타인의 숨겨진 감정이나 미묘한 표현을 더 잘 감지할 수 있다. 유리 멘탈이라는 단점을 공감 능력이라는 장점으로 바꿀 수 있다면, 나아가 '예민함'으로 상대방을 이해하고 '섬세함'으로 상대방을 감동시킬 수 있다면 이는 분명 대인관계에서 크나큰 이점이 된다.

내 삶을 장악할 때
비로소 온전함을 느낀다

영국의 작가 버지니아 울프Adeline Virginia Woolf가 쓴『자기만의 방』에
이런 말이 나온다.

"고정된 수입 하나로 사람의 성격이 이렇게 크게 달라질 수 있다
니! 이 세상의 어떤 힘도 나에게서 그 500파운드를 빼앗아갈 수 없
다. 고정된 수입이 있는 이상 옷과 음식과 집은 영원히 나의 소유나
다름없다. 계속 이렇게 살 수만 있다면 고되고 힘들다는 생각뿐 아
니라 분노와 원망, 고통까지도 모두 사라질 것이다."

이 구절은 성숙하지 못했던 당시의 내 마음에 깊은 울림을 주었다. 나는 이 구절을 통해 1900년대 초 사회 노동에 직접 참여하며 자기 힘으로 살아가는 여성의 모습이 사람들에게 얼마나 중요한 정신적 힘을 주었는지 깨달았다.

나는 문득 친구 C가 떠올랐다. 2년 전에 모바일 게임에 푹 빠진 그녀는 회사를 관두고 매일 게임에 빠져 살았다. 물론 인터넷 쇼핑도 만만치 않게 했다. 처음에는 그렇게 지내는 것도 나쁘지 않은 듯했다. 하지만 시간이 흐르면서 그녀의 마음이 살짝 불안해졌다. 게임을 안 할 때는 자꾸 쓸데없는 생각이 그녀를 괴롭혔다. 가령 '남자친구가 나를 떠나면 어쩌지?', '내가 아무 쓸모없는 사람이면 어쩌지?'라는 생각이 불쑥불쑥 들었다. 그럴 때마다 게임을 했고, 게임을 하면 마약에 취한 것처럼 지루한 삶이 한순간 충만해지는 느낌이었다. 그녀는 이렇게 살면 안 된다는 것을 알면서도 현실에서 도피하고 싶은 마음이 들 때마다 게임에 몰입했다.

마음이 공허해질수록 그녀가 느끼는 심리적 안정감은 점점 줄어갔다. 그녀는 외로울 때마다 수시로 남자친구에게 전화를 걸어 그의 마음을 확인했다. 물론 처음에는 괜찮았다. 하지만 시간이 흐르면서 남자친구도 그녀의 전화를 귀찮아했다. 그녀는 남자친구가 조금이라도 심드렁한 반응을 보이면 무척이나 서운해했다. 그때마다 그녀는 내게 이렇게 말했다.

"남자친구라면 이럴 때일수록 나를 이해하고 안정감을 줘야 하는 거 아니야? 어쩌면 책 속의 남자들과 이렇게 다른지 모르겠어.”

그녀를 비롯한 많은 젊은 여성들이 ‘친밀한 관계에서는 서로가 서로에게 안정감을 주어야 한다’고 생각한다. 유감스럽게도 그들이 생각하는 안정감은 상대방이 물질적으로 지원해야 한다는 피상적 수준에 머물러 있다. 그러나 그 나이대의 젊은이들에게 가장 중요한 것은 사랑과 삶을 솔직하게 즐기고 느끼는 것이다.

사실 진정한 안정감은 내가 나의 삶을 장악할 수 있을 때 생겨난다. 자신감 역시 실력과 능력을 갖추고 있어야 생긴다. 누군가에게 버림받는 것에 대한 두려움이 없는 사람은 자신의 애인이나 배우자에게 지나친 요구를 하지 않으며, 상대방을 숨 막히게 구속하지도 않는다.

현실에 당신의 피난처는 존재하지 않는다

누군가 말하길, 돈으로 진정한 사랑을 살 순 없지만 사랑의 대용품은 살 수 있다고 한다. 그러나 우리가 원하는 안정감은 사랑이 아닌 우리 자신에게서 찾아야 한다. 사랑도 마찬가지다. 스스로 독립된 존재로 살 수 있어야 사랑이 무엇인지 이해할 수 있다.

보기에는 간단한 이치 같으나 막상 그와 같이 행동하기란 결코 쉽지 않다. 나는 그 이유를 알아내기 위해 사람들을 주의 깊게 관찰했다. 그 결과 두 가지 이유를 발견했다. 첫 번째는 나태함이다. 내 친구처럼 사람들은 노력하기를 싫어한다. 두 번째는 미래에 닥칠 위기를 보지 못한다. 항상 현재가 전부라고 생각하기 때문에 내일을 위한 대비를 하지 않는다.

기꺼이 노력하려는 사람에게 고생은 고생으로 느껴지지 않는다. 스스로 강해지는 길은 역경과 고난이 가득한 가시밭길과 같다. 쉽고 편하게만 사는 사람은 없다. 만일 사는 게 편하다고 느껴진다면 그건 아마도 당신이 짊어져야 할 고통을 다른 사람이 대신 짊어지고 있기 때문이다.

우리는 이 세상의 근본 이치를 깨달아야 한다. 진정한 평온은 역경과 싸워야만 얻을 수 있고, 인생의 탄탄대로에 오르려면 그 전에 반드시 역경과 고난이 가득한 가시밭길을 지나쳐 와야 한다. 또한 인생에서 험준한 봉우리를 넘어 보지 않은 사람은 진정한 평온이 무엇인지 알지 못한다.

현실 세상에서 피난처는 어디에도 없다. 삶의 고단함을 받아들여야 남에게 의지하지 않을 수 있다. 마찬가지로 성공은 결코 하늘에서 뚝 떨어지지 않는다. 애벌레가 나비가 되는 과정은 언제나 고통스러운 법이다. 역경과 싸우려 하지 않고 피하려고 할수록 불안과 두려움에 사로잡힌다. 그러니 역경을 피하지 말고 자신을 위해 싸우기로 결심하라. 그래야만 세상으로부터 버림받는 운명에서 완전히 벗어날 수 있다.

'스스로 성장하는 것'은 꿈을 가진 사람이라면 누구나 터득해야 하는 인생의 필수 과목이다. 결국 세상의 본질을 이해한 사람만이 일평생 배우고 성장할 수 있기 때문이다.

문제를 해결하려고 노력하고, 어려움을 극복해 내는 경험을 쌓아라. 그 경험들이 모여 삶의 깊이가 생기고 행복이 커질 것이다. 끊임없이 자기 자신을 뛰어넘는 사람은 풍부한 삶의 경험을 통해 여유로운 마음과 자신감을 가질 수 있다.

복잡한 세상에 맞서는 힘은
평온한 마음에서 나온다

　10년 전 인기리에 방영된 드라마의 어느 조연이 입버릇처럼 하는 말이 있었다. "평상심, 평상심." 그는 좋은 일이든 나쁜 일이든 항상 차분한 마음 상태를 유지하며, 크게 슬퍼하지도 크게 기뻐하지도 않았다. 이러한 특징은 그 조연에게 특별한 매력을 더해 주었다. 그로 인해 드라마 전 회차에서 스포트라이트를 받았을 뿐 아니라 심지어 주인공보다도 더 많은 인기를 얻었다.

　중국 작가 양장楊絳은 이렇게 말했다.

　"신은 모든 행복을 한 사람에게만 몰아 주지 않는다. 사랑을 받는다고 해서 꼭 부자로 사는 것도 아니고, 부자라고 해서 꼭 행복하게 사는 것도 아니다. 행복하다고 해서 꼭 건강하게 사는 것도 아니며, 건강하다고 해서 꼭 모든 것을 뜻대로 이루며 사는 것도 아니다. 내면을 단련하고 정화하기 위한 최고의 수련법은 만족할 줄 아는 마음을 갖는 것이다. 우리가 느끼는 모든 즐거움은 평온한 내면에서 만들어진다. 이처럼 평온한 내면에서는 마지못해 견디던 마음도 즐기는 마음으로 바뀐다."

옛사람들은 이와 같은 이치를 일찍이 깨달았다. '만사여의萬事如意'는 세상 모든 일이 뜻대로 된다는 말이다. 이 말은 단지 이상적인 소망일 뿐, 운명 앞에서는 누구나 무방비 상태로 존재한다. 내가 아무리 괴로워해도 시간은 빨리 흐르지 않으며, 내가 아무리 초조해해도 괴로움은 줄어들지 않는다. 그러므로 누군가를 탓하기보다는 차분하고 평온한 마음으로, 일이 자연스럽게 흘러가는 대로 받아들이는 것이 현명하다.

도망친다고 문제가 사라지지 않는다

나의 소꿉친구는 졸업 후 고향에 있는 공기업에 입사했다. 그녀는 좋은 집안 배경에 외모도 예쁘고 일도 잘했다. 일찌감치 마음에

드는 배우자를 만나 결혼하여 현재 자녀가 초등학교를 다니고 있고, 자기 소유의 집과 차도 있었다. 이 작은 도시에서 그녀가 누리는 삶은 대도시에서 허리띠를 조르고 치열하게 사는 내 삶과 비교하면 몇 배는 더 윤택하다.

하지만 정작 그녀는 그렇게 생각하지 않았다. 그녀는 이틀에 한 번씩 내게 전화를 걸어 불만을 토로했다. "일이 뜻대로 풀리지 않고, 직장 동료 성격이 별나서 힘들다.", "남편이 무관심해서 속상하다.", "아이가 공부를 못해서 걱정이다." 등 일상의 사소한 갈등부터 시어머니와의 갈등까지 어느 것 하나 마음에 들지 않는다고 불평했다. 나 역시 그녀의 '감정 쓰레기통'이 되어 주는 것에 익숙해져서 매번 그녀를 위로해 주었다. 그러나 위로는 그저 위로일 뿐, 위로가 근본적인 문제를 해결해 주지는 않는다. 나는 무슨 말을 해야 할지 몰랐다. 그러다 최근 심리학 관련 서적을 몇 권 보게 되었고, 나는 그제야 그녀를 힘들게 하는 모든 문제가 하나의 공통된 원인에서 비롯되었음을 깨달았다.

억울함, 초조함, 분노 등 대다수 부정적 감정은 개인의 무의식에 존재하는 불안감에서 비롯된다. 대개 우리는 자신의 무의식에서 일어나는 변화를 의식하지 못하고 지낸다. 그러다 외부로부터 어떤 자극을 받으면 자기방어 기제가 발동하기 시작하고, 그때부터 온갖 부정적 감정이 소용돌이친다.

아마 대다수가 이런 경험을 해 봤을 것이다. 스트레스가 커지면 극도로 예민해질 때가 있다. 이럴 때 '시한폭탄'으로 변해 누군가 톡 건드리기만 해도 폭발하는 사람이 있고, 달팽이처럼 자신을 보호하기 위해 속으로 움츠러드는 사람도 있다. 또 어떤 이들은 내 친구처럼 '감정 쓰레기통'을 찾아 스트레스나 부정적인 감정을 어떻게든 풀어내려고 한다.

나도 한때는 그랬다. 업무 부담을 잊고 싶을 때 야근 후 취할 때까지 술을 마시며 스트레스를 풀곤 했다. 또 당시에는 나 혼자 떠나는 여행이 너무나 좋았다. 다람쥐 쳇바퀴 같은 일상에서 벗어나 자유로움을 느낄 수 있었다. 하지만 그렇게 일상에서 벗어나 고요한 산속을 걷거나, 푸른 바닷속을 헤엄치거나, 고대 유적지를 거닐며 탐험을 해도 내가 직면해야 하는 문제들은 조금도 줄어들지 않았다. 며칠 동안의 일시적인 탈출 후 현실로 돌아왔을 때 나는 여전히 예전 그대로였고, 내 일과 스트레스도 변함없었다. 나는 점차 지금껏 내가 해온 것들이 결국은 도피일 뿐이라는 사실을 깨달았다. 그리고 도피한 결과 해결해야 할 문제는 여전히 존재하거나, 다른 상황에서 같은 형태로 반복되고 있었다. 결국 나는 마음의 평화가 이 어렵고 복잡한 세상에 맞설 수 있는 진정한 힘이라는 것을 깨달았다.

마음속에 근심 걱정이 없다면 그 상태가 곧 지상 낙원에 있는 것처럼 행복하고 평화롭다. 불안감과 걱정은 결국 내면이 약해서 생기는 감정이다. 자신이 완벽하지 않다는 사실을 담담하게 받아들이면 현실의 불완전한 나를 채워 주는 힘이 생기게 되는 법이다.

평범한 회사원에서 베스트셀러 작가로 변신한 친구가 있다. 평소 다른 사람들은 회식을 쫓아다니며 인맥을 쌓기 바쁠 때 그녀는 집에서 컴퓨터로 책의 내용을 전자 문서로 옮기는 작업에 푹 빠졌다. 독서가 아니라 필사를 한 것이다. 실제로 그녀는 대부분 유명한 문학 작품은 이미 읽어 본 상태여서 딱히 할 일이 없을 때면 불안하고 초조함이 밀려왔다. 그러던 어느 날 그녀는 문득 자신이 읽은 작품들을 한 줄 한 줄 전자 문서로 옮겨 봐야겠다는 생각을 하게 되었다. 그녀가 말했다.

"처음에는 그저 불안으로 인한 불면증을 해소하려고 시작한 일인데 나중에는 책을 옮겨 쓰는 것이 너무 재미있더라. 책 속의 문장을 옮겨 적고 나면 마음이 점점 진정되고 평온해졌어."

그 결과 그녀는 평소 견디기 힘들었던 직장 내 경쟁도 예사로운 일로 여기게 되었고, 사소한 이익이나 손해에 집착하지 않게 되었다. 시간이 지나면서 그녀는 자신의 글쓰기 실력이 몰라보게 달라졌음을 느꼈다. 놀랍게도 이제는 책을 펼쳐 보지 않아도 어느 문장이 어느 책에 쓰여 있었는지, 어느 구절이 어느 장면에서 등장했는지까지 훤히 다 보일 정도였다. 나중에 그녀의 소설은 온라인에서 문장이 아름답기로 유명한 글로 인기를 얻었다. 이 모든 것은 그녀가 책을 필사했던 시간이 축적되어 만들어진 결과다.

마음이 평온하다는 것은 어느 것에 편향되지 않고 주위에 휘둘리지 않는 중용의 태도와 객관적인 시각으로 이 세상의 모든 불완전한 것을 바라볼 수 있는 상태를 말한다. 기억하자. 경험을 쌓으며 꾸준히 노력하되, 그 과정에서 평온한 마음 상태를 잃지 않아야 평범하지 않은 특별한 나로 성장할 수 있다.

Part 6

자율적인 사람이
진정한 자유를 얻는다

진정한 자유를
얻는 방법

1960년대, 심리학자 월터 미셸Walter Mischel은 스탠퍼드 대학에서 유치원생을 대상으로 한 가지 흥미로운 실험을 진행했다. 실험을 진행한 연구팀은 어린이들을 각각 한 명씩 빈방에 들어가게 했다. 그다음 각 어린이에게 마시멜로를 하나 주면서, 만약 자신들이 돌아오기 전까지 마시멜로를 먹지 않고 기다린다면 추가로 마시멜로를 하나 더 주겠지만, 만약 그들이 돌아오기 전에 먹는다면 더 이상의 보상은 없다고 말했다.

실험 결과, 일부 아이들은 자제력을 유지하지 못하고 마시멜로를 바로 먹어 버렸고 또 다른 아이들은 연구원이 돌아올 때까지 기다렸다가 마시멜로를 하나 더 받았다. 연구팀은 이 아이들을 '유혹을 참고 마시멜로 두 개를 얻은 아이'와 '유혹을 참지 못하고 마시멜로 한 개만 얻은 아이' 두 조로 나눴다. 그리고 이 두 그룹 아이들을 장기간 추적 조사했다.

10년 후 연구팀은 다음과 같은 실험 결과를 얻었다. 마시멜로를 한 개만 얻었던 아이들은 두 개 얻었던 아이들보다 일반적으로 성취도가 낮았다. 이 결과는 자기 절제력이 부족한 아이는 성공하기 어려운 반면, 자기 자신을 잘 통제할 수 있는 아이는 더 나은 삶을 경험할 가능성이 높다는 점을 입증했다.

대학원 진학을 결심한 한 친구가 각오를 다지기 위해 SNS와 각종 오락 애플리케이션을 휴대폰에서 전부 삭제했다. 주변 사람들이 이번에는 그녀가 단단히 결심한 모양이라고 생각했다. 그러다 어느 모임에서 그녀를 우연히 만나게 되었다. 나는 그녀에게 대학원 준비 근황을 물었다. 그랬더니 그녀는 죽상인 표정으로 수학은 너무 어렵고, 영어 단어는 한 번 외우면 사흘도 못 가서 다 잊어버린다고 불평했다. 또한 친구들이 지난번 캠핑 때 자신을 불러 주지 않아 서운해했다. 그날 이후 그녀는 친구들이 모일 때마다 어디든 빠짐없이 참석했다. 하지만 모임이나 여행에서 돌아오기 바쁘게 그녀는 친구들이 자신을 유혹하는 바람에 시험 준비에 집중하지 못했다며 투덜댔다.

진정한 자유를 얻고 싶다면 자율적인 사람이 돼라. 자율이란 선택을 포기하는 것이 아니라 목적을 가지고 선택하는 것이다. 하지만 많은 사람이 자유를 주장하면서 실제로는 아무 선택도 하지 않고 그저 흘러가는 대로 목적 없이 살아가고 있다.

밤새 드라마 보기, 클럽에서 놀기, 밤 늦은 모임, 늦잠 자기, 많이 먹기 등…. 이런 것들이 하기 어려운 일들일까? 전혀 그렇지 않다. 돈과 시간만 있으면 누구나 다 할 수 있는 일이다. 그러나 자율적인 사람들이 해내는 일들은 그렇지 않다.

자율적인 사람은 스스로 삶의 규칙을 세운다

매일 운동으로 몸을 단련하는 사람과 1년 내내 운동을 게을리한 사람은 똑같이 여행을 가도 느낄 수 있는 즐거움이 천지 차이다. 꾸준히 몸을 단련해 온 사람은 산 정상에 올라 황홀한 경치를 마음껏 즐길 수 있지만, 평소 운동을 소홀히 한 사람은 산 아래 자락에서 사진 몇 장만 찍고 "산에 다녀왔다."라고 말할 수밖에 없다.

자율성은 자신의 몸과 마음을 수련하고 자신의 본성을 조절하는 힘이다. 사람은 본능적으로 편한 것을 좋아하고 힘든 것을 싫어한다. 하지만 자신의 본능에 굴복한 채로 계속 살아간다면 우리의 삶은 의미를 상실하게 될 것이다.

30대 후반의 축구 스타 크리스티아누 호날두는 지금도 여전히 20대의 신체 컨디션을 유지하고 있다. 사실상 축구 선수는 서른 살부터 내리막길이 시작된다고 해도 과언이 아니다. 하지만 호날두는 오히려 서른 살이 넘어서부터 이전보다 훨씬 뛰어난 활약을 보여 주며 FIFA 발롱도르 5관왕을 달성하는 등 글로벌 축구 스타로 자리매김했다.

호날두의 경우 십여 년 전의 체지방률이 7%였는데, 이 상태를 지금까지 변함없이 유지하고 있다. 그는 매일 최소 1시간 근력 운동을 하고, 평소 먹는 음식도 통밀빵, 닭가슴살, 샐러드, 생수가 전부다. 대신 쉴 때는 충분히 쉰다. 쉬는 날에는 먹고 싶은 음식을 먹기도 하고, 가족 및 친구들과 함께 늦게까지 놀기도 한다. 하지만 대부분의 시간은 철저하게 자기 관리를 하며 보낸다.

자유와 자율의 관계는 흡사 연과 연줄의 관계와 같다. 연이 줄에 붙들려 통제되고 있는 것처럼 보이지만, 실상 연줄이 있기 때문에 연이 더 높이 날아갈 수 있는 것이다. 만일 자율이라는 연줄이 사라진다면, 자유롭게 날던 연은 결국 추락하고 만다.

가장 바람직한 삶의 형태는 결국 자율적인 삶으로 귀결된다. 왜냐하면 자율적인 사람만이 자신의 일과 일상을 더 잘 통제할 수 있기 때문이다. 더 나아가 '내가 나의 모든 것을 통제하고 있다'라는 안정감이 들면 진정한 의미의 자유를 만끽할 수 있다.

미국 심리학자 로이 바우마이스터Roy Baumeister는 그의 공저서인『의지력의 재발견Will power』에서 이렇게 말했다.

"개인과 사회가 직면한 가장 큰 위기는 바로 자기 절제력의 부재다."

미국의 정신과 의사 모건 스캇 펙Morgan Scoott Peck의 저서『아직도 가야 할 길The Road Less Traveled』에서는 자기 절제력에 관해 이렇게 이야기한다.

"자기 절제력은 인생의 다양한 문제를 해결하고 고통을 줄이는 데 있어 가장 중요한 도구다."

자율적인 사람은 게으름, 식탐, 도피 본능에 굴복하지 않고, DNA가 자신에게 정해 준 규칙에서 벗어나 스스로 삶의 규칙을 만들어 나간다. 우리는 모두 불완전하기에 달라지려고 노력해야 한다. 그러므로 현실을 회피하느라, 나태하게 사느라, 남을 탓하느라 시간을 허비할 게 아니라, 나 자신과 화해하고 주어진 현실을 용기 있게 직시하여 우리에게 주어진 책임을 충실히 이행해야 한다.

자율적인 사람은 무능하고 무의미한 삶을 거부한다. 자율적인 사람이 되고 싶다면 스스로 실현 가능한 목표를 세우고 차근차근 실천해 나가 보자. 이처럼 해냈다면 당신은 이미 자율적인 삶을 살고 있는 것이나 다름없다. 자율적인 사람이 되면 더는 삶에 얽매이지 않는 나 자신을 발견할 것이다.

야근을 한다는 것은
업무 효율성이 낮다는 증거

스티브 잡스는 이렇게 말했다.

"집중과 단순화가 성공의 비결이다."

나는 이 말의 의미가 '무슨 일을 하든 집중하는 상태를 유지하고, 전심전력으로 최선을 다하라'는 뜻이라고 생각한다. 즉, 일할 때는 오롯이 일에 전념하고 쉴 때는 모든 걱정을 잊고 푹 쉬라는 말이다.

일할 때는 오로지 일에 전념하라는 말은 너무나 잘 와닿는다. 지능과 대인관계 능력이 동일하다는 전제 아래 한 사람은 전력을 다해 일하고 다른 한 사람은 작심삼일을 넘기지 못한다면, 당연히 전자가 일의 성과나 학업 성취 면에서 더 우수할 것이다. 그렇다면 쉴 때는 모든 걱정을 잊고 푹 쉬라는 말은 어떤 의미일까? 이것이 성공과 어떤 연관이 있을까?

사람이 감당할 수 있는 스트레스는 무한하지 않다. 스트레스 한계를 초과하면 사람의 몸과 정신은 무너지게 마련이다. 그래서 사람에게 쉼은 반드시 필요한 활동이다. 쉼을 통해 스트레스를 해소하기 때문이다. 권투에 비유하자면 일할 때는 펀치를 날릴 때처럼 온 힘을 쏟아야 하고, 쉴 때는 그다음 펀치를 날리기 위해 힘을 비축해야 한다.

미정이는 예전에 함께 일했던 동료다. 그녀의 하루는 매일 같은 패턴으로 시작된다. 출근하자마자 웹서핑을 하며 오늘의 가십거리를 읽거나, 이어폰을 끼고 음악을 듣는다. 그렇게 한참을 꾸물거리다 10시에 가까워지면 그제야 본격적으로 일을 시작한다. 하지만 막상 일을 시작하고 얼마 지나지 않아 점심시간이 되어 버린다. 미정이는 그날 해야 할 일을 어떻게든 끝내기는 하지만, 근무 시간 내내 꾸물거리고 더디게 일하다 보니 야근을 하거나 일거리를 집에 가져가는 일이 잦았다.

회사 동료들은 미정이에게 몇 번이나 모임에 나오라고

말했지만, 그녀는 번번이 야근 때문에 시간이 없다며 거절했다. 그녀는 매번 이런 식이었다. 남들이 근무 시간에 바쁘게 일할 때는 여유롭게 딴짓하며 보내고, 남들이 퇴근 후 신나게 놀 때 그녀는 일에 치여 허둥지둥했다. 심지어 잠잘 시간조차 장담할 수 없었다. 이처럼 미정이의 태도는 직장 내 다른 동료들과 뚜렷한 차이를 보였다. 그런데도 그녀는 아주 당당하게 자신을 '나는 남들이 바쁠 때는 여유롭고, 남들이 여유로울 때는 바쁜 사람'이라고 정의했다. 어쨌거나 일하는 시간과 쉬는 시간의 총량은 일정하니 일하면서 노는 것도 나쁘지 않다는 게 그녀의 지론이었다.

언뜻 들으면 맞는 말 같지만 곰곰이 생각해 보면 전혀 그렇지 않다. 일과 쉼을 동시에 할 경우, 일을 제때 마칠 수 있을지 여부는 둘째치고 업무의 질은 당연히 일에 전념한 사람에 비해 훨씬 떨어질 것이다. 쉴 때도 마찬가지다. 다른 사람들은 퇴근 후 일과 관련된 생각을 일절 뒤로한 채 집에 돌아가 푹 쉬겠지만, 미정이는 퇴근 후에도 일을 손에서 놓을 수 없다. 다른 사람들은 낮에 긴장 상태이지만, 밤에는 충분히 휴식해 다음 날 활기를 되찾는다. 반면 미정이는 다른 사람들만큼 낮에 긴장하지는 않지만 지속적으로 스트레스가 이어지니 마음이 늘 불편한 채로 지낸다.

일과 쉼을 분리해라

아인슈타인은 "어떤 일에 자신의 모든 에너지를 쏟아부어야만 성공할 수 있다."라고 말했다. 맡은 일에 최선을 다하는 습관이 몸에 배어 있다면 이는 성공의 열쇠를 찾은 것이나 다름없다. 최선을 다하는 태도로 일에 임하면 모든 힘이 한 곳에 집중되어 어떤 어려움도 뚫어낼 수 있지만, 충분한 노력을 기울이지 않으면 막상 어려운 문제에 부딪혔을 때 속절없이 무너질 가능성이 크다.

어느 한 유명한 인터넷 작가는 매일 8,000자에 이르는 글을 작성해 게시했다. 가장 많이 쓸 때는 매일 15,000자씩 쓰기도 했다. 누군가가 그에게 "어떻게 하루 동안 8,000자나 되는 글을 쓸 수 있느냐?"고 묻자, 그는 "별거 아니에요. 그냥 최선을 다할 뿐이에요."라고 답했다. 그는 글을 쓸 때 인터넷을 켜지 않는 것은 물론이고 음악도 듣지 않고 전화도 일절 받지 않았다. 일할 때만큼은 일과 무관한 것들은 완전히 차단했다. 하지만 글을 다 쓰고 휴식을 취할 때는 그 누구보다도 마음껏 쉼을 즐겼다.

이처럼 일하는 시간과 쉬는 시간이 온전히 분리되어 있어야 쉼이 주어졌을 때 편하게 푹 쉴 수 있고, 푹 쉬어야 긴장 상태로부터 완전히 벗어나 피로를 싹 날려 버릴 수 있다.

아이가 공부에 집중하지 못할 때면 부모들은 으레 공부할 때는 열심히 공부하고 놀 때는 신나게 놀라고 말한다. 이 원칙은 성인에게도 똑같이 적용된다. 주어진 일을 최선을 다해 임한다는 것은 전력을 발휘하고 어려움을 견디며 결코 포기하지 않는 것을 의미한다. 따라서 최선을 다해 일하는 사람은 뛰어난 사람으로 성장할 수밖에 없다. 일에 전념하는 사람은 다른 곳에 주의가 분산되지 않고 오직 목표를 이루기 위한 다양한 방법을 고민한다. 그리고 휴식 시간이 되면 모든 걱정을 내려놓고 온전히 휴식을 취하며 행복을 느낀다.

최선을 다해 일하는 과정은 누구에게나 힘들고 고생스럽다. 하지만 최선을 다한다는 마음가짐으로 일에 임하다 보면, 이전에는 어렵고 막막했던 일들도 실상 생각만큼 어렵지 않다는 것을 깨닫게 된다. 마찬가지로 쉴 때는 모든 걱정거리를 내려놓고 편안한 마음으로 쉼을 온전히 즐겨야 한다. 그래야만 심신이 스트레스로 인해 무너지지 않고 상시 최상의 컨디션을 유지할 수 있다.

어떤 일이든 온 마음과 온 힘을 다해 뛰어드는 사람은 더 잘하기 위해 애를 쓴다. 그러니 자신의 나태함을 변명으로 포장하지 말고, 해야 할 일을 뒤로 미루지도 마라. 기억하자. 최선을 다하겠다는 마음으로 임해야만 지치지 않고 나아갈 수 있는 동력이 생기며, 그 동력으로 더 나은 삶을 만들고 더 나은 쉼을 즐길 수 있다.

일찍 일어나는 것조차
해내지 못하는 당신에게

현대인들의 수면 시간이 갈수록 줄어들고 있다. 퇴근 후 피곤한 몸으로 집에 돌아오면 '샤워하고 푹 자야지.' 하는 생각이 간절한데도 잠들기를 미루며 딴짓을 한다.

소파에 누워 잠시 친구와 채팅했다가, TV를 켜 뉴스도 봤다가, 또 잡지를 꺼내 몇 페이지 넘겨 본다. 그렇게 버티고 버티다 정말 씻어야 할 때가 되면 겨우 몸을 일으켜 욕실로 걸어간다. 막상 샤워를 하면 오늘 하루의 피로가 따뜻한 물에 싹 씻겨 나가는 기분이 든다. 노래를 흥얼거리며 느긋이 샤워하다 보면 20분 만에 끝낼 샤워를 1시간 동안 하게 된다. 원래대로라면 10분 만에 머리를 말리고 침대에 누워 잠을 청해야 하지만, 마스크팩을 하고 내일 입을 옷을 고르고 연예인 기사를 읽다 보면 또 1시간이 훌쩍 지나간다. 모든 준비를 다 마치고 침대에 누우면 이미 잠들 시각이 훌쩍 지나 있다.

침대에 눕고 나서도 휴대폰을 보면서 시간을 보낸다. 잠들기 전에 휴대폰을 보는 것은 필수 일과처럼 되어 버렸다. 그렇게 겨우 잠이 들지만, 이제 좀 푹 자나 싶을 때쯤 알람이 울리기 시작한다. 설정해 둔 알람을 하나둘씩 끄면서 일어나기를 미루다 결국엔 허겁지겁 출근 준비를 하게 되고, 출근 시간에 간당간당하게 맞춰 회사에 도착한다. 당연히 아침을 먹을 새도 없이 회사에 왔으니 어제 남은 빵 몇 조각을 입에 욱여넣으며 하루를 시작한다. 몽롱한 정신과 다크서클이 잔뜩 내려온 눈으로 오전 업무를 시작하지만, 정오가 채 되기도 전에 몸은 이미 '수면 모드'로 바뀌어 버린다. 그러면 어쩔 수 없이 빈속에 커피를 한 사발 들이부으며 애써 정신을 차려 본다. 그 상태로 겨우 버티다 퇴근해서 집에 오면 마침내 쉴 수 있지만 또 어제와 같이 의미 없는 행동을 반복한다.

늦게 자고 늦게 일어나기→ 아침 거르기→ 하루 종일 피곤함→전날 밤 행동 반복하기

이것이 많은 이들의 현실 루틴이다. 사람들은 '밤에 잠들지 못해서 아침에 제때 못 일어나고, 점심이 되면 전날 밤늦게 잔 것을 후회'

하며 매일 괴로워한다. 하지만 그럴수록 마음은 불안해지고, 마음이 불안해질수록 밤에 더 잠들지 못한다. 이 같은 악순환은 사람을 끝없이 부정적인 생각으로 몰아간다. 그 결과 늪에 빠진 것처럼 삶의 활력을 점차 잃고 만다.

아침형 인간이 정신 건강에도 좋다

나 역시 그런 적이 있다. 당시 나는 슬럼프에 빠져 자꾸만 위축되고 무기력해졌다. 스트레스를 푼다는 이유로 침대에 눕기만 하면 아무 생각 없이 휴대폰을 만지작거렸다. 여기 저기 시시껄렁한 웹페이지를 넘기다 보면 1시간이 순식간에 지나갔다. 이제 자야겠다는 생각이 들었을 때는 이미 새벽 2시였다. 전날에 충분히 잠을 자지 못했으니 일찍 깨지 못하는 것은 당연하고, 해가 중천에 뜰 때까지 악몽에 시달렸다. 천근만근인 몸을 겨우 일으켜 보지만 머리가 멍하니 어지러웠다. 그때마다 나는 창밖의 눈부신 햇살을 보면서 절망감을 느꼈다. 당시의 나는 어둠 속에 숨고 싶은 생각 말고는 아무 생각이 들지 않을 만큼 내면의 불안감이 극도로 높았다.

6개월 뒤 나의 상태는 더욱 나빠졌다. 얼굴은 누렇게 뜨고 온통 여드름투성이였다. 게다가 먹은 것도 별로 없는데 몸무게는 계속해서 늘어났다. 무엇보다도 글을 집중해서 쓸 수 없어서 너무나 괴로웠다. 영감이 떠오르기는커녕 머릿속이 텅 비어 버린 느낌이었다. 가끔 예전에 쓴 글을 보면 내가 쓴 게 맞나 싶을 정도로 낯설게 느껴졌다.

은행 계좌 잔고는 점점 줄어만 가는데 써 놓은 글은 단 한 글자도 없으니 정말 눈앞이 캄캄해졌다. 나는 한바탕 엉엉 울고 나서 결심했다. 과거의 나 자신과 전쟁을 하기로 마음먹었다. 마음을 가라앉히고 생각을 가다듬고 보니 늦게 잠들고 늦게 일어나는 것이 나의 가장 큰 문제라는 것을 깨달았다.

나는 밤 11시 전에 잠들기 위해 여러 가지 시도를 했다. 잠자기 전 우유나 와인을 마시거나 한약을 먹어 보기도 했다. 그 밖에 아로마 향을 피우기도 했고, 수면제를 먹거나 격한 운동을 해 보기도 했다. 그리고 마침내 한 달 안에 나의 생체리듬을 바꾸는 데 성공했다. 새벽 2시에 잠들고 정오에 일어나던 습관이 밤 11시에 잠들고 아침 8시에 기상하는 습관으로 바뀌었다.

그때 나는 나의 몸이 원래 상태로 돌아왔음을 느꼈다. 매일 아침 식사를 마친 뒤 컴퓨터 앞에 앉으면 물 흐르듯 글이 쭉쭉 써졌다. 오후에 나른해지면 밖으로 나가 1시간 동안 운동을 했고, 밤에는 조용히 책을 읽거나 노래를 들었다. 그러다 보면 금방 잠이 들었다. 그리고 다음 날이 되면 몸의 기운이 다시 충전되었다.

나는 더 이상 불안하지도 절망스럽지도 않았다. 더는 전처럼 수시로 화가 나지도, 부정적인 감정을 주체하지 못해 울음을 터뜨리지도 않았다. 이 모든 것으로부터 멀어지는 방법은 '오직 일찍 자고 일찍 일어나는 것뿐'이었다.

일본 후생노동성의 연구팀은 자주 밤을 새우는 사람보다 일찍 자고 일찍 일어나는 사람이 정신적 스트레스가 적고, 더 건강하다는 연구 결과를 발표했다. 연구팀의 분석 내용에 따르면, 인체 호르몬은 아침형과 저녁형 두 가지로 나뉘는데 아침형 호르몬인 코르티솔은 스트레스를 분산시키는 역할을 한다. 일찍 자고 일찍 일어나는 사람의 타액을 분석한 결과 코르티솔의 지표가 낮게 나왔으며, 이들은 정신적 우울감도 비교적 낮은 것으로 드러났다.

이처럼 심리적 건강은 신체 건강과 매우 밀접하게 연결되어 있다. 일찍 자고 일찍 일어나는 것이 곧 건강한 신체를 바탕으로 정신적 건강을 증진시키는 방법인 셈이다.

이러한 사실을 알고 조금이나마 느껴지는 것이 있다면, 당신은 이미 변화하고자 하는 용기를 낸 것이나 다름없다. 자, 그렇다면 오늘 밤부터 일찍 자자. 1시간 더 잠을 자게 되니 그만큼 에너지를 더 얻을 것이다. 그리고 내일부터는 일찍 일어나 보자. 1시간 더 깨어 있는 만큼 더 많은 가능성을 얻을 것이다.

성공한 사람은
아침에 깨어 있다

'슬래시족'은 사선 혹은 컴퓨터 명령어 슬래시를 뜻하는 영어 'slash'에서 유래한 새로운 개념이다. 《뉴욕타임스》 칼럼니스트 마르시 알보허Marci Alboher가 쓴 『한 사람/다중 직업One Person/Multiple Careers』이라는 책에서는 슬래시족을 다음과 같이 정의한다. 슬래시족이란 '하나의 직업과 신분'을 가진 상태에 만족하지 않고 다양한 업종에 도전하여 다양한 신분을 가진 사람을 뜻한다. 이들은 자신을 소개할 때 자신이 가진 다양한 직업과 신분을 슬래시로 구분해서 표기한다.

나는 슬래시족의 본질은 '다양한 능력을 보유한 사람'이라고 생각한다. 슬래시족처럼 다방면으로 유능한 능력을 갖춘 자신을 상상해 보자. 그래도 여전히 실직이 두려울까? 슬래시족은 이 업계가 불황에 빠지면 다른 업계로 넘어갈 수 있고, 이 분야에서 일하는 것이 즐겁지 않으면 언제든 다른 분야로 직업을 바꿀 수 있다. 당신만 원한다면 자신이 가진 다양한 기술 중 하나를 선택해서 언제든지 직업을 바꾸거나 다른 신분으로 활동할 수 있다. 게다가 어떤 직업 또는 신분을 선택해도 그에 따른 수익도 그리 나쁘지 않을 것이다.

언제부터인가 밤은 일탈의 대명사가 되었다. 빠르게 발전하는 시대에 태어난 우리는 축복받은 세대다. 하지만 이렇게 좋은 환경에서 살고 있음에도 많은 이들이 자기중심을 잃고 방탕해지고 있다. 밤이 되면 노래방, 술집, 클럽 등 재미있는 것을 찾아다니기 일쑤며, 여의치 않으면 집에서 컴퓨터나 휴대폰으로 시간을 보내는 것이 일상이 되었다. 심지어 어떤 사람들은 새벽 1시에 잠자는 것을 지극히 정상으로 여기며, 새벽 2시에 잠자는 것도 큰 문제가 없다고 생각한다. 또한 새벽 3시에 잠드는 것은 조금 늦은 감이 있고, 새벽 4시에 잠드는 것이 진짜 늦게 잠든 것이라 생각한다. 이처럼 밤을 새우지 않으면 청춘을 낭비하는 것이라 생각하는 이들이 점점 많아지고 있다.

혹시 이런 생각을 해 본 적 있는가? 당신이 밤을 새우며 노는 동안, 한쪽에선 수많은 당신 또래가 무한한 가능성을 갈고닦고 있다는 것을. 당신이 밤새 모든 에너지를 소모하는 동안 자기 절제력을 가진 사람들은 다양한 분야를 넘나드는 슬래시족으로 성장하고 있다.

밤을 새우면 안 되는 이유 1: 활력이 떨어진다

밤샘은 우리 몸을 심각하게 망가뜨린다. 첫째, 장기간 수면 부족으로 신경이 쇠약해지면 집중력이 크게 저하된다. 둘째, 장기간 밤을 새우면 불안하고, 쉽게 화가 나고, 기억력이 떨어지고 신경질적으로 변한다. 불쾌한 감정 상태는 당연히 신체 건강에도 영향을 미친다. 셋째, 밤을 새우면 소화 기능의 균형이 깨진다. 식욕이 없어질수록 기름지고 짠 음식을 찾게 된다. 그런 음식을 많이 섭취할수록 소화 기능은 더욱 악화된다. 그 결과 허리를 둘러싼 지방은 더욱 두꺼워지고, 건물 3층을 오르는 것만으로도 숨이 찬다. 넷째, 밤샘은 간과 쓸개의 해독 작용을 방해한다. 그래서 밤을 새운 다음 날 얼굴에 뾰루지, 여드름, 어두운 반점 등이 생길 수 있고, 밤을 자주 새울수록 얼굴이 점점 망가진다.

앞서 지적한 문제점들의 반대는 밤을 새우지 않을 때의 이점이라고 봐도 무방하다. 기억하자. 규칙적이고 건강한 생활 습관은 건강한 신체를 만들고, 건강한 신체라는 밑천이 있어야 삶의 활력을 잃지 않을 수 있다.

밤을 새우면 안 되는 이유 2: 공허하고 두려움이 커진다

우리는 보통 목표를 향해 나아가고 좌절을 겪어도 포기하지 않는 사람들을 의지가 강한 사람이라고 정의한다. 밤샘을 좋아하는 사람은 사실 내면이 공허하고 두려움 때문에 앞으로 나아가지 못하는 사람들이다.

그들에게 밤이란 휴식을 취하는 시간이기도 하지만, 현실에서 도망치고 싶은 마음과 자신의 여리고 약한 모습을 숨길 수 있는 시간이기도 하다. 왜냐하면 그들에게 하루 중 밤을 제외하고는 자신의 의지대로 통제할 수 있는 시간이 별로 없기 때문이다.

루쉰魯迅은 이렇게 말했다.

"진정한 용사는 처절한 인생을 직시할 줄 아는 사람이다."

밤을 새우는 습관을 버리고 쉴 시간에 쉼을 청하자. 한밤중에 만끽하는 자유를 너무 탐닉하지 않아야 자신의 인생을 온전히 장악할 수 있다.

밤을 새우고 싶을 때마다 자신의 꿈을 생각하며 내 마음속의 꺼지

지 않는 불꽃을 찾아보자. 단단한 의지를 가진 사람이 되어 목표를
향해 힘차게 나아가자.

밤을 새우면 안 되는 이유 3: 재능을 발견할 시간이 없다

"8시간 이외의 시간이 사람의 미래를 결정한다."라는 말을 들어본
적 있는가? 이 말은 근무 시간 8시간 말고 남은 시간을 어떻게 활용
하느냐에 따라 사람의 미래가 어느 방향으로 흐를지, 얼마나 더 멀
리 나아갈 수 있을지 결정된다는 의미다.

내가 매우 존경하는 선배가 있다. 그는 근무 시간 외에는 슬래시
족의 삶을 살고 있다.

그는 안정적인 일자리를 갖고 있고, 매달 벌이도 적지 않다. 게다
가 본업에서도 이미 작은 성과를 이루어 냈다. 그야말로 많은 사람
들이 꿈에 그리는 삶 그 자체다. 이런 삶을 사는 사람이라면 퇴근 후
여가 시간을 즐기거나 밤새워 놀아도 전혀 문제가 되지 않을 것이
다. 하지만 그 선배는 밤새우는 것은 삶을 낭비하는 일이라고 생각
한다. 그는 북적이는 사람들 틈 사이가 아닌 조용한 곳에서 홀로 책
을 읽거나, 그림을 그리거나, 아니면 운동을 하거나, 요리를 연구하

는 것을 제일 좋아한다. 그는 퇴근 후 잠들기 전까지의 시간을 최대한 활용하려고 했고, 하루 일과 후 남은 에너지를 새로운 것을 탐구하는 데 쏟았다.

어느 날, 그간 꾸준히 이어온 선배의 탐구활동에 소소한 성과가 났다. 유화에 흥미가 생긴 선배는 그림을 몇 점 그려 잡지사에 제출했는데, 뜻밖에도 선배가 그린 그림이 잡지에 게재된 것이다. 그날 이후로 선배는 전문가의 지도를 받으며 유화 그리기에 더욱 열중했다. 그리고 그 과정에서 자신이 색채에 뛰어난 감각이 있다는 사실을 발견했다. 기본기만 잘 다진다면 미래에 일러스트레이터나 디자이너가 될 가능성도 충분해 보였다.

아인슈타인도 자기 두뇌의 10퍼센트밖에 사용하지 못했다고 한다. 밤을 새우지 않는 대신 취미를 개발하는 데 시간을 투자해 보자. 어쩌면 새로운 나를 발견할지도 모른다.

밤을 새우지 않아야 건강한 몸과 단단한 의지를 가질 수 있다. 이 두 가지 무기를 가지고 새로운 영역을 개척해 나가면서 나 자신을 돌아보면, 남들과는 다른 자신만의 재능을 발견하게 될 것이다. 이런 식으로 자신만의 능력을 하나둘씩 늘려가다 보면 언젠가 당신도 다양한 일을 수행할 수 있는 'N잡러'가 될 수 있다.

휴대폰을 손에서 내려놓아라

언젠가 이런 그림을 본 적이 있다. 그림의 왼쪽 부분에는 청나라 말기를 배경으로 아편을 피우는 풍경이 묘사되어 있었다. 그림 속 사내는 변발한 머리에 몸은 삐쩍 말랐고, 한쪽에 등을 비스듬히 기댄 채 기다란 담뱃대를 뻐끔뻐끔 빨고 있었다. 가느다랗게 실눈을 뜬 채 웃는 것 같기도 하고 아닌 것도 같은 표정이 너무나 괴상해 보였다. 한편 그림의 오른쪽엔 현대인이 그려져 있었는데, 표정과 자세는 왼쪽 그림 속 사내와 거의 흡사했다. 다만 현대인의 손에는 아편 대신 휴대폰이 쥐어져 있었다.

이 그림은 공개되자마자 뜨거운 논란을 일으켰다. 누군가는 그림을 조롱했고 또 누군가는 경멸했다. 하지만 나는 그 그림을 보고 섬뜩한 느낌이 들었다. 청말 시기, 나라가 위태로운 때 백성들은 아편에 취해 있었다. 그 시절에 비하면 현재는 상대적으로 평화로운 시기다. 그런데 이런 시대를 사는 우리가 제 손으로 선택한 '독약'을 가지고 있는 것이다. 바로 휴대폰이다. 손가락을 움직여 화면을 밝히면 그때부터 데이터가 소비되기 시작하고, 그와 동시에 우리의 삶도 조금씩 소모된다.

현대인의 심각한 '휴대폰 의존증'

휴대폰은 시대의 발전과 함께 탄생한 산물이다. 처음에는 통신을 더 간편하게 주고받고, 일상을 더 쉽고 편리하게 만들 목적으로 등장했다. 하지만 기술이 발전함에 따라 휴대폰도 급격히 진화했고, 이로 인해 일상의 거의 모든 문제를 한 대의 휴대폰으로 해결할 수 있게 되었다. 그 결과 사람들은 점점 휴대폰에 의존하게 되었고, 휴대폰을 항시 가지고 다니기 시작했다. 더 나아가 문제가 생기면 스스로 해결책을 모색하기보다는 휴대폰을 켜서 정보를 검색하는 것에 익숙해져 갔다.

심리학자들은 이 같은 현상을 '휴대폰 의존증'이라고 정의했다.

회사에 새로 들어온 인턴사원이 있었다. 그녀는 심각한 '휴대폰 의존증'을 앓았다. 근무 시간에 5분마다 휴대폰의 잠금을 해제하는 것은 물론이고 밥 먹을 때도, 버스 안에서도 심지어 화장실에서 볼일을 볼 때도 휴대폰을 본다. 가방 안에는 항상 두 개의 보조 배터리와 충전기가 있기 때문에 어느 하나가 방전되거나 고장이 나도 휴대폰 사용에는 전혀 문제가 되지 않았다.

그녀는 늘 휴대폰에서 눈을 떼지 못하느라 버스를 잘못 타거나 엘리베이터를 잘못 타고 내리는 등 실수가 잦았다. 그러다 보니 제때 출근하지 못하고 지각하는 날이 허다했다. 근무 시간에도 휴대폰을 보느라 일에 집중하지 못해 기본적인 실수를 자주 했고, 하마터면 회사에 큰 손실을 끼칠 뻔한 일도 몇 번 있었다.

팀의 책임자는 그녀에게 충고도 해 보고, 월급을 깎아 보기도 했으나 그녀의 문제점은 개선되지 않았다. 결국 그녀는 권고사직을 당했다. 동료들이 물어보았다.

"그냥 휴대폰이잖아. 휴대폰에 뭐 그리 재밌는 것이 있어? 왜 직장에서 해고될 위험까지 무릅쓰면서 휴대폰을 손에서 놓지 못하는 거지?"

그녀의 대답은 가히 예상 밖이었다.

"별로 볼 만한 건 없어요. 그냥 메시지가 오면 답장하고, 쇼핑하고 싶을 때는 온라인 쇼핑몰을 구경하고, 게임하고 싶을 때는 게임을 해요. 하지만 대부분은 별생각 없이 SNS를 새로 고침하거나, 숏 클립 영상을 보는 게 다예요."

그런데도 그녀는 휴대폰을 보지 않고는 견딜 수 없었다. 휴대폰을 잠금 해제하는 순간 그녀 앞에 열리는 것은 단순히 휴대폰 화면이 아니라 새로운 세계의 문이었기 때문이다. 그 문 너머에는 다양한 사람과 여러 가지 흥미로운 일들이 즐비했다. 그녀에게 휴대폰을 보는 것은 마치 만화경을 통해 세상을 구경하는 것과 같았다. 그곳에는 불안과 스트레스는 없고 오로지 기쁨과 만족감만이 가득했다.

나는 그녀의 이야기를 듣고 나서 '휴대폰 의존증'이 왜 생기는지를 깨달았다. 그 이유는 사람들이 현실 세계에서 느낄 수 없는 만족감을 휴대폰을 통해 얻기 때문이다. 다시 말해 사람들은 휴대폰으로 많은 양의 불연속적이고 간결한 정보 조각들을 빠르게 훑어보면서 일종의 쾌감과 성취감을 느낀다. 하지만 정보 폭발 시대에 이런 방식으로 탐색해서 얻은 정보들은 대부분 쓰레기일 가능성이 크다. 그런데도 사람들은 다양한 정보의 파편들을 빠르고 간단하게 습득하는 과정에서 느끼는 만족감에 젖어 들어 어느 정보가 진짜 정보이고 가짜 정보인지, 어느 정보가 유효한 정보인지를 판단할 능력을 잃어버린다. 그저 짧고 단순한 정보 조각을 다양하게 훑어보며 '나도 그거 알아, 나도 그거 배웠어.'라며 자기 위안을 할 뿐이다. 하지만 5초 만에 습득하고 1초 만에 잊어버릴 수 있는 그런 '지식'은 장기적으로는 결코 우리에게 아무 도움이 되지 않는다.

우리의 어린 시절을 돌아보면 당시는 휴대폰이 보편화되지 않았고, 부모님을 비롯해 주변 친척들도 휴대폰을 사용하는 사람이 드물었다. 그 시절 우리는 집 주변 어디에 작은 언덕이 있는지 알았기 때문에 심심할 땐 친구들과 다 같이 모험을 떠났다. 그 시절의 우리는 TV를 틀면 어느 채널의 프로그램이 가장 재미있는지 훤히 꿰고 있었기 때문에 매일 저녁 부모님과 같이 텔레비전을 보는 시간을 손꼽아 기다렸다. 그 시절 우리는 섣달그믐날 어떤 음식이 가장 맛있는지 알았기 때문에 할머니 옆에 잽싸게 앉아 한 입이라도 더 먹으려고 했다. 그러나 시간이 흐른 지금은 친구들과 만나도 각자 휴대폰을 보느라 정신이 없다. 부모님을 찾아뵙는 것도 이제는 모바일로 용돈을 보내는 것으로 대신하고, 설날 가족 모임도 예전만큼 화기애애하지 않다.

사람이 살면서 자유롭게 시간을 지배할 수 있는 시간은 전체 생애 중 5분의 1에 불과하다. 휴대폰을 켜는 순간 당신이 소비하는 것은 데이터가 아니라 당신의 집중력, 가족과 친구에 대한 관심, 삶에 대한 열정 그리고 당신의 생명이다.

휴대폰을 내려놓고 눈앞의 모든 것을 소중히 여기자. 더는 휴대폰 속 가상 세상에서 허우적대지 말자. 그러면 알게 될 것이다. 우리의 실제 삶은 생각보다 훨씬 더 멋지다는 것을!

'빨리빨리'에 익숙해지면 삶의 즐거움을 놓쳐 버린다

우리의 일상은 마치 '빨리 감기 버튼'이 눌려 있는 것처럼 뭐든지 서두르는 데 익숙해져 있다. 일할 때나 일상에서나 모두 빨리빨리 서두르기 바쁘다. 마치 그래야만 주도권을 내 손에 쥘 수 있을 것 같고, 또 그래야만 심적으로 안정감을 얻을 수 있다고 느낀다.

"만년은 너무 길다. 지금 눈앞의 시간을 쟁취해라."라는 말이 있다. 예전에는 이 구절이 시간을 소중히 생각하고, 유한한 수명 안에서 인생을 최대한 개척하라는 뜻으로 여겨졌다. 그러나 지금에 와서 보니 그런 뜻이 아닌 것 같다. 사람들은 빠르게 발전하는 세상의 흐름을 따라잡기 위해 더 빨리 더 급하게 움직이고, 기다리는 것을 점점 두려워한다.

드라마를 몇 배속으로 재생해서 보고, 사진은 찍은 즉시 결과물을 받아야 하고, 남보다 먼저 택시를 잡아타야 하고, 여행을 가면 하루에 최소 5개 관광지는 돌아야 하고…. 우리는 '빨리빨리'에 익숙해지면서 '느긋해지는 법'을 잊어버린 것 같다. 느긋함을 상실한 우리는 갈수록 날카로워지고, 불안감도 커지고 있다. 어쩌다 도로 위에서 터뜨렸던 화는 점차 지하철 안에서도, 엘리베이터 안에서도, 회의를 하다가도 불쑥불쑥 솟구치고 심지어 식사 자리에서, 잠자리에서까지 이어진다. 식사도 제때 못 하고 잠도 편히 자지 못하면서 오직 '빨리' 서두르기만 하던 우리는 정작 자신의 내면을 제대로 들여다볼 새도 없이 삶의 즐거움을 잃고 만다.

어느 바쁜 사업가가 어렵게 시간을 내 별장에 놀러 왔다. 그는 별장 옆 강가를 산책하던 중 소박한 옷차림의 어떤 사내가 강가에서 낚시를 하고 있는 것을 보았다.

사업가는 사내에게 다가가 말을 걸었다.

"하루에 물고기를 얼마나 잡으세요?"

사내가 답했다.

"작은 양동이 한 통쯤 됩니다."

사업가가 다시 물었다.

"물고기를 내다 팔아 돈을 모으면 배를 살 수 있을 텐데, 왜 그렇게 안 하세요?"

그러자 사내가 반문했다.

"배를 산 다음에는 뭘 하죠?"

"배가 있으면 바다로 나가 물고기를 잡을 수 있으니까요. 바다로 나가면 이 작은 양동이의 수십 배 되는 물고기를 잡을 수 있잖아요. 그럼 매일 벌어들이는 수입도 훨씬 늘어나겠죠."

"돈을 번 다음에는 뭘 하죠?"

"돈이 생기면 어부들을 고용해서 자신의 선박을 운영할 수 있겠죠. 그럼 더 많은 고기를 잡아 더 많은 돈을 벌 수 있어요."

"그다음은요?"

"그다음에는 회사를 설립해야죠. 사업을 하면 큰돈을 벌 수 있어요."

"그런 다음에는요?"

"그다음에는 돈 걱정 없이 편하게 삶을 즐기며 살 수 있겠죠."

그러자 사내가 웃으며 말했다.

"저는 지금 삶을 즐기고 있는데요?"

꽁장히 흥미로운 일화다. 이 일화는 우리에게 한 가지 질문을 던진다. 빨리 서두르는 인생은 우리에게 무엇을 가져다줄 수 있을까?

누구에게나 꿈을 좇을 권리가 있고, 꿈을 좇는 길을 걷고 있다면 반드시 최선을 다해야 한다. 하지만 경주마처럼 너무 빠르게 달리다 보면 우리의 시야가 흐려져 원래의 목표를 똑바로 인식하지 못하게 된다.

'빨리'를 외치다 잃게 되는 것들

빠르다는 것이 항상 높은 효율을 의미하지는 않는다. 어떤 일을 할 때 무조건 빨리 끝내려고만 하면 사람은 초조해질 수밖에 없다. 계속되는 불안감은 결국 인내심을 잃게 만들고, 인내심을 잃으면 일할 때도 실수가 잦아져 결국 실패로 이어진다.

우리는 남보다 뒤처질까 봐, 도태될까 봐, 시대에 뒤떨어질까 봐 두려워한다. 그래서 모든 일에 최선을 다하고, 빠르게 앞으로 나아가려고 노력한다. 그러나 매번 빨리 서두르면 자신이 가진 장점에 주의를 기울일 시간이 없어진다. 그런 당신의 눈에는 다른 사람의 장점만 보이고, 그로 인해 불안감은 점점 가중되고 안정감은 서서히 사라질 것이다.

많은 사람들은 "나는 성격이 급해."라고 말하며 느긋한 생활 스타일을 싫어한다. 자신의 성격이 급하다고 말하는 이들은 대부분 모든 것을 빨리 서둘러야 하기 때문에 항상 '바쁨 모드'로 살아간다. 그래서 매번 친구들과의 모임에 바쁘다는 이유로 나가지 않고, 가족들이 함께 시간을 보내길 원해도 지루하다는 핑계로 거절한다. 회사에서는 팀워크 활동을 통해 동료 간의 소통을 강화하려고 하지만, 그들은 결과만 추구할 뿐 과정에는 시간과 인내심을 들이려 하지 않는다. 그렇게 시간이 흐르다 보면 친구들은 더 이상 그들을 찾지 않고, 가족들도 더는 그들에게 기대하지 않으며, 동료들과도 인사만 하는 사이로 남는다. 결국 늘 '바쁨 모드'로 살던 그들 주변엔 아무도 남아 있지 않아 외톨이가 되고 만다.

이처럼 서두르는 생활에 익숙해지면 실패에 대한 후회, 안정감을 잃는 불안감, 고독에 대한 두려움에 시달리게 되고, 이런 부정적인 감정들은 결국 몸과 마음을 완전히 무기력하게 만든다.

서두르지 말고 조금 느긋하게 살아보자. 느긋해지면 나를 짓누르는 스트레스를 내려놓고 마음의 소리에 주의를 기울이게 된다.

당신의 삶은
결코 초라하지 않다

언젠가부터 우리 사회에 불안감이 만연해 있다. 인터넷에는 온통 치열한 삶을 사는 사람들의 이야기로 가득하고, 그런 글을 보고 있으면 나 자신이 한심하게 느껴질 때가 있다. 뼈 빠지게 일해도 월급은 쥐꼬리만 하고, 몇 년을 모아도 집 한 채 사기 어렵다. 이런 현실을 보고 있으면 이미 인생의 절반을 산 것 같은 기분마저 든다.

돈을 적게 벌어도 많이 벌어도 마음이 편치 않기는 마찬가지다. 연봉이 2,000만 원인 사람은 연봉 4,000만 원을 원하고, 연봉이 4,000만 원인 사람은 연봉 1억을 원한다. 마찬가지로 월세나 전세를 사는 사람은 집을 사고 싶어 하고, 집을 산 사람은 또 학군이 좋은 동네의 집을 원한다. 이처럼 세상 모든 사람이 주변에 뒤처지지 않으려고 필사적으로 노력한다.

우리는 늘 불안함 속에 살고 있다. 세상의 루저가 될까 봐 두려워하고, 자신의 인생이 무의미할까 봐 두려워한다. 그래서 하루라도 빨리 성공하고 싶어 하고, 물질적인 성공으로 인생의 의미를 증명하려고 한다. 설령 우리 본인이 조급해하지 않더라도, 주변의 친구나 가족으로부터 받는 압박 때문에 더 치열하게 살게 된다. 하지만 그럴수록 마음은 조급해지고, 인내심은 점점 줄어들며, 현실에 대한 불만이 쌓여 간다. 그 결과 욕망과 현실의 괴리는 커지고 그 속에서 불안이 자라난다.

B군은 나의 대학 동기다. B군의 부모님은 퇴직하신 상태고, 그와 그의 아내 모두 정부 기관에서 일한다. 또한 B군에게는 똑똑하고 영리한 딸도 하나 있다. 우리 눈에는 B군의 삶이 곧 행복한 인생의 표본이었다. 심지어 B군 본인도 이 정도면 아주 부유한 삶까지는 아니어도 주택 대출, 자동차 대출이 없는 안정적이고 평온한 삶이라며 만족해했다.

그런데 작년에 만난 그의 모습은 사뭇 달랐다. 전체적으로 사람이 초췌하고 어두웠으며, 정신적으로도 매우 힘들어 보였다. 한참 후에야 다른 동창들을 통해 요즘 그의 평판이 좋지 않다는 이야기를 듣게 되었다. 친구들은 나에게 그와 가까이 지내지 말라고 말했다.

이유를 물어보니 한 친구가 이런 말을 전했다.

"안정적인 직장을 그만두고 기어이 남들처럼 사업을 시작한 것 같아. 차를 팔아 얻은 돈과 주택 담보금, 부모님 연금까지 싹 다 사업에 투자했는데, 사업이 잘 안 됐나 봐. 그 와중에 씀씀이까지 커져 사치스러운 생활을 즐기다 큰 빚을 지게 됐대. 그런데 반성은커녕 주변의 부유한 친구들에게 밀리기 싫어서 여기저기서 돈을 끌어다 펑펑 쓰고 다녔대. 돈을 갚아야 할 때쯤 주변의 가족, 친구 등 가까운 사람들에게 돈을 빌렸는데 이제는 주변에서도 돈을 빌릴 사람이 별로 없는 모양이야. 결국 아내와는 이혼했대. 안정적으로 잘 살던 녀석이 지금은 영락없이 궁핍하고 초라해졌어."

갈고닦다 보면 좋은 기회가 온다

적절한 목표는 잠재력을 발휘하게 해 앞으로 더 나아가게 만든다.

하지만 현실성 없이 자신의 능력에서 벗어나 무리하게 남들과 경쟁한다면 마음의 불안감이 증폭되어 결국 삶의 균형이 무너지고 만다.

'생존자 편향'이라는 용어가 있다. 사람들이 성공한 사례에만 주목하고 실패한 사례는 무시해서 생기는 인지적 오류를 말한다. 간단히 말해 이 편향은 전체 사례 중 성공한 사례만 고려하기 때문에 생긴다. 온라인에서 자신의 성공 경험을 자랑하는 사람들을 보며 '모두 이른 나이에 성공하는데 나만 실패한 삶을 살고 있다'는 착각에 빠지는 것이다.

하지만 현실은 그렇지 않다. 창업으로 성공할 확률은 매우 낮다. 수많은 창업가들 중 오직 소수의 행운아들만 살아남아 우리가 온라인에서 볼 수 있는 '성공한 인물'이 된 것이다.

너무 조급해하지 마라. 다른 사람의 성공을 부러워할 필요도 없다. 돌아보면 당신 뒤에도 당신을 부러워하는 많은 사람들이 있다. 사실 우리의 삶도 그렇게 나쁘지만은 않다. 다른 사람의 눈에 비치는 우리는 이미 괜찮은 삶을 살고 있을지도 모른다.

물론 우리가 아주 특별히 뛰어난 사람은 아닐 수 있다. 그렇다 해도 우리의 삶은 결코 초라하지 않다. 자신을 부양할 수 있고, 매월 수중에 약간의 여윳돈도 가지고 있으며, 업무 능력도 향상되고 있다. 여전히 경험을 쌓고 새로운 것을 배우기 위해 노력하고 있다. 이렇게 열심히 살고 있는데 우리의 미래에 어찌 희망이 없겠는가. 단지 앞만 보고 달리는 데 익숙해져 있고, 화려하게 성공한 사람들이 우리의 시야를 가려 상대적으로 우리 주변만 온통 어둡게 느껴지는 것뿐이다.

세상에는 우리보다 더 힘들게 고생하는 사람도 많다. 그러니 너무 조급해할 필요 없다. 삶은 시험이 아닐뿐더러 누구나 1등인 삶을 살 수도 없다. 인생은 마라톤이다. 자신의 체력을 잘 계산하고, 자신의 페이스대로 달리면 된다. 다른 사람이 더 나은 일을 한다고 해서, 다른 사람의 월급이 더 높다고 해서 심란해하지 말자. 자신에게 주어진 일을 잘 해내는 동시에 배움을 게을리하지 않고 꾸준히 자신을 갈고닦다 보면 분명히 좋은 기회가 다가올 것이다.

다른 사람이 우리의 삶에 훈수를 둔다고 해서 스트레스받을 필요 없다. 다른 사람은 그저 말로만 이래라저래라 할 수 있을 뿐, 내 삶은 내가 헤쳐 나가야 하기 때문이다.

다른 환경에서 살아가는 사람들의 삶을 살펴보자. 우리가 신발이 없다고 불평할 때 누군가는 사고로 발이 없을 수도 있다. 그들이 겪었을 어려움을 생각해 보고 자신의 일상을 비교해 보자. 그러면 지금 내가 얼마나 운이 좋은 사람인지 깨닫게 될 것이다. 그걸 깨달았을 때 우리는 신이 불공평하다고 불평하는 대신 삶이 나에게 준 선물에 감사하게 되고, 지금 하고 있는 걱정이 별것 아니라는 것을 알게 된다.

햇빛 아래에서 아름다운 자태를 뽐내는 식물을 감상해 보자. 낯선 도시로 가서 다른 이들의 일상을 관찰하고, 그 속에 숨겨진 선의를 찾아보자. 아이들의 천진난만한 웃음소리에서 인생의 활력과 에너지를 느껴 보자. 그럼 깨닫게 될 것이다. 평소 우리가 걱정에 사로잡혀 사는 이유가 지나친 욕심 때문이라는 것을 말이다. 뒤를 돌아보면 우리의 삶이 그리 나쁘지 않다는 걸 느끼게 될 것이다. 그러니 너무 마음 졸이며 조급해할 필요 없다. 걱정을 내려놓고 홀가분한 마음으로 인생의 여정을 즐기자. 그래야 더 빠르게 더 멀리 나아갈 수 있다.

고독을 견디는 자만이
성공할 수 있다

중국 근대 철학자 왕궈웨이王國維는 "예나 지금이나 위대한 업적을 이루고, 위대한 학문을 성취한 사람들은 반드시 세 가지 경지를 거쳐야 한다."라고 말했다.

큰 업적과 큰 학문을 이루고자 하는 사람이라면 반드시 첫 번째 경지인 '나 홀로 누각에 올라 끝없는 하늘을 바라보는 외로움'을 경험해야 한다. 이 고독한 시간 동안 사람은 허영과 허세를 벗어던지고 조급함을 내려놓는 법을 배운다. 또한 아무도 나를 지지해 주지 않는 그 시간을 견뎌내야만 새벽을 밝히는 빛을 볼 수 있다.

일본에는 두 명의 전설적인 검술가가 있는데, 미야모토 무사시와 야규 쥬베이가 바로 그들이다. 야규 쥬베이는 미야모토 무사시의 제자였다. 제자가 된 지 얼마 되지 않았던 야규 쥬베이는 미야모토 무사시에게 물었다.

"저는 뛰어난 검술가가 되고 싶습니다. 지금 제 실력에서 열심히 배우고 갈고닦는다면 뛰어난 검술가가 되기까지 얼마나 걸리겠습니까?"

"적어도 10년은 걸릴 것 같구나."

"10년은 너무 깁니다. 만일 제가 두 배로 열심히 노력한다면 얼마나 걸리겠습니까?"

"그렇다면 20년이 걸리겠구나."

그러자 야규는 의아해하며 다시 물었다.

"만일 제가 잠도 자지 않고 계속 연습한다면요?"

"그럼 자네는 필시 죽게 될 것이고, 평생 일류 검술가는 될 수 없을걸세."

야규는 매우 놀라며 물었다.

"왜 그렇습니까?"

"일류 검술가가 되려면 반드시 갖춰야 하는 조건이 있지. 일류 검술가는 평생 자신을 지켜보는 눈 한쪽을 가지고 있어야만 하네. 그리고 그 눈으로 항상 자신을 돌아보고 반성해야 해. 그런데 지금 자네의 두 눈은 오직 '검술가'라는 이름에만 집중하고 있으니 자기 자신을 지켜볼 눈은 없지 않은가?"

야규는 그제야 자신이 너무 조급해했음을 깨닫고 차분한 마음으로 배움에 임하기로 결심했다. 그렇게 훈련이 시작되었지만 미야모토는 야규의 예상과는 전혀 다른 것들을 요구했다. 그는 야규에게 요리, 빨래, 청소하는 일만 시켰으며, 검술에 관해서는 어떠한 언급도 하지 못하게 했다.

처음에는 야규도 미야모토의 요구를 참고 따랐다. 그런데 3년이 지나도 미야모토가 검술에 대해서는 아무 말도 하지 않자 야규는 자신의 미래가 걱정되기 시작했고, 일에도 집중이 잘되지 않았다.

어느 날, 미야모토는 야규의 집중력이 흐트러진 틈을 타 목검으로 그의 뒤를 공격했다. 그는 야규가 반격할 새도 없이 다시 한번 공격했다. 야규는 갑자기 공격한 이유를 물었지만 미야모토는 아무 말도 하지 않았다.

다음 날, 미야모토는 또다시 무방비 상태의 야규를 급습했다. 그 이후로 야규는 시시각각 갑작스러운 공격에 대비하기 위해 경계를 늦추지 않았다. 야규는 매일 청소, 빨래, 밥하기 등 지루하고 외로운 허드렛일을 하면서도 누군가 자신의 뒤에 다가왔을 때 빠르게 무기를 집어 들 수 있는 기술을 익혔다. 그 결과 그는 일본 내에서 최고의 검술가로 이름을 날리게 되었다.

고독한 시간은 자기 마음을 수련하고 자기 계발에 몰두할 수 있는 최적의 기회다. 고독함 속에서 마음을 차분히 다독여야만 인생의 진정한 의미를 깨달을 수 있다.

리스전李時珍은 중국 명나라 시대의 유명한 의학자다. 그의 저서인 『본초강목本草纲目』은 세계적인 영향력을 가진 자연사 서적으로, 총 1,892종의 약물이 수록되어 있다. 그중 374종은 이전에 기록되지 않았던 새로운 약물이다. 이 책에는 각 약물의 명칭, 성능, 용도 및 제조 방법이 상세하게 설명되어 있으며, 10,000여 가지 처방법과 1,160개의 약물 형태를 그린 그림이 포함되어 있다.

외국 학자들은 이를 '중국의 백과사전'이라 불렀다. 리스전은 이 책을 쓰기 위해 29년 동안 중국 내 10여 개 지역을 돌아다녔으며, 그 여정이 무려 20여만 리에 달했다. 이 책을 쓰기 위해 리스전은 깊은 산속과 황야에 홀로 며칠씩 머물렀다. 배가 고프면 마른 작물을 씹어 먹고, 목이 마르면 샘물을 마셨다. 그렇게 29년이라는 길고 외로운 시간을 홀로 견디며 노력한 끝에 그는 후손들의 삶을 이롭게 해줄 위대한 업적을 달성했다.

끝까지 해내는 힘은 어디서 오는가

외로움을 인내해야만 명예로울 때나 치욕스러운 순간에 흔들리지 않고 평온한 마음으로 해야 할 일을 해낼 수 있다. 외로움을 참고 견딜 수 있어야만 유혹에 흔들리지 않고, 경솔하게 행동하지 않게 되며, 전심전력으로 무언가에 몰두할 수 있다. 그렇기에 외로움을 참고 견뎌내는 사람은 운명을 원망하지 않고 스스로 과소평가하지 않으며, 초심을 잊지 않고 마음먹은 일을 끝까지 해낼 수 있다. 이 세상에는 희망을 보고서 견디는 것이 아니라 견디다 보면 희망이 보이는 일들도 있는 법이다.

외로움은 인생의 본질이다. 우리는 외로움 속에서 왔고, 결국 다시 외로움 속으로 돌아간다. 양과 염소는 무리를 지어 다니지만, 거친 맹수들은 항상 혼자 다닌다. 외로운 시간 속에서 우리는 좀 더 솔직하게 자신의 마음을 들여다보게 되고 마음의 목소리를 듣게 된다. 우리는 외로움 속에서 에너지를 축적하고 그 속에서 자신을 단련해 나간다. 외로운 시간 속에서 우리는 머릿속 생각을 깨끗이 비워 내고, 허영과 허세 그리고 피로를 깨끗이 씻어 낼 수 있다. 그리고 스스로 깊은 사색으로 걸어 들어가 진정한 나로 돌아가면 내가 진짜 원하는 것이 무엇인지 찾을 수 있다.

사람은 누구나 무거운 짐을 지고 인생이라는 먼 길을 걸어간다. 그렇기 때문에 외로움 속에서 열심히 실력을 쌓고 경쟁력을 키우면서 때를 기다려야 한다. 그래야만 적기에 움직여 원하는 바를 성취할 수 있다. 기억해라. 우리의 의지와 품격은 외로움을 통해 단련된다. 이렇게 단련된 내면이 있어야만 인생의 빛나는 순간들을 지켜낼 수 있다.

Part 7

세상에
쉬운 인생은 없다

스스로 강해지는 법을
배워라

인생이란 좌절과 눈물로 범벅이 된 긴 여정이다. 누구나 자신만의
고통을 안고 살아간다. 그 고통은 다른 사람에게 떠넘길 수 없으며,
다른 사람이 그 고통을 대신 짊어질 수도 없다. 그런데도 순탄하고
행복한 삶을 원하는 것이 사람이다. 하지만 인생의 고비에 직면했다
면 강하지 않은 사람일지라도 스스로 강해져야만 한다.

외동인 수정은 부모님의 사랑을 듬뿍 받고 자란 친구다.
그녀는 22년 동안 의식주 걱정을 해 본 적이 없고, 좌절도 겪어본 적이 없었다. 그녀는 원하는 대학에 들어가 원하는 전공을 선택해서 순조롭게 대학 생활을 보냈다. 어느덧 졸업이 임박했고 그녀는 눈부신 미래를 맞이할 준비를 하고 있었다. 그러나 갑작스러운 부고가 그녀의 모든 것을 무너뜨렸다.

당시 수정은 외지에서 인턴으로 일하며 졸업을 준비하고 있었다. 그러던 어느 날 한밤중에 어머니로부터 아버지가 교통사고로 중태에 빠졌다는 연락을 받았다. 그녀는 소식을 듣자마자 서둘러 집으로 갔지만, 이미 아버지가 세상을 떠나신 뒤였다. 평소 유약했던 어머니는 너무나 슬픈 나머지 아무것도 먹지 못하고 수액만으로 겨우 버티셨다. 하룻밤 사이 집안의 모든 대소사를 수정이 혼자 짊어지게 된 것이다.

어머니는 울먹이면서 집안의 모든 통장과 아버지의 회사 주식을 수정에게 넘겼다. 이는 곧 수정이 이제 집안의 가장으로서 책임을 져야 한다는 의미였다.

수정은 어머니의 간호를 이모에게 부탁한 뒤 생필품 몇 가지를 챙겨 아버지 회사로 갔다. 그녀는 회사에서 먹고 자며 난생처음 회사 업무를 배우기 시작했다. 그리고 아버지가 해 온 모든 사업을 분야별로 정리한 뒤, 자신이 맡아서 할 수 있는 일은 계속 이어서 하고 할 수 없는 사업은 팔아서 현금화했다. 이 모든 일을 마무리 짓는 데 한 달이 걸렸다.

그 한 달 동안, 그녀는 아버지의 재산을 정리하는 것 외에도 졸업 논문을 준비해야 했다. 게다가 인턴십을 했던 회사에서 이따금 연락이 오면 그 일까지 처리해야 했다. 다들 수정이 걱정되어 가끔 전화를 걸어 도와줄 일이 없는지 묻곤 했다. 그때마다 수정은 슬픈 감정을 티 내지 않고 "나는 잘 지내. 지금은 조금 바쁘니까 다음에 만나자."라고 짤막하게 말했다. 그 나이대 젊은이들에게서는 느껴지지 않는 침착한 목소리였다.

다시 수정을 만났을 때는 졸업한 뒤였다. 그녀는 살이 많이 빠져 얼굴이 수척해져 있었다. 하지만 눈빛만큼은 이전에는 볼 수 없었던 의연함과 침착함이 뿜어져 나왔다. 수정은 더 이상 예전의 수정이 아니었다.

한참이 지나서야 수정은 힘들었던 당시의 이야기를 내게 들려주었다. 그녀는 하룻밤 사이에 집안의 가장이 되고, 난생처음 보는 서류들을 보면서 운 적도 많았다고 했다. 하지만 눈물을 닦고 나서도 그녀는 다시 서류들을 펼쳐 공부해야 했다. 그녀가 확인해야 하는 서류 속 내용과 돈의 액수가 어머니의 남은 삶에 영향을 미치기 때문이었다. 아버지가 계시지 않으니 이제 어머니를 돌봐야 할 사람은 자신뿐이었다. 만일 자신마저 쓰러진다면 이 가정은 완전히 무너질 것이라는 생각에 무섭고 두렵기도 했다. 하지만 가장 두려웠던 것은 희망을 잃는 것이었다. 어디에도 의지할 곳이 없고 오직 나 혼자라는 현실에 그녀는 주저 없이 다시 일어설 수밖에 없었다.

수정은 이 세상에 자신의 어려움을 온전히 공감해 줄 사람이 없다는 것을 잘 알기 때문에 누구에게도 자신의 부담을 함께 짊어져 달라고 부탁할 수 없었다.

다행히도 수정의 모든 노력은 결코 헛되지 않았다. 그녀는 성공적으로 인턴십을 마치고 졸업 논문도 통과했다. 대학 졸업 후 수정은 일을 하며 재무 관리 지식도 함께 배웠다. 어머니를 부양해야 한다는 부담과 책임은 여전히 크지만, 수정은 점점 더 강인해졌다.

모든 좌절과 시련이 나를 단련시킨다

누구의 인생이라고 쉽겠는가? 어느 누가 억지로 굳세어지고 싶겠는가? 하지만 그러지 않고 어찌 이 세상을 헤쳐 나갈 수 있겠는가?

톨스토이의 장편소설 『안나 카레니나^{Anna Karenina}』에 이런 말이 나온다.

"행복한 가정은 모두 비슷해 보이지만, 불행한 가족은 저마다 나름의 이유로 불행하다."

인생은 우리가 두려워하고 슬퍼한다고 해서 나아지지 않는다. 눈물은 우리 몸속의 독소를 배출해 줄 뿐 어떠한 도움도 주지 못한다.

스스로 강해져야만 한다. 혼자서 기나긴 밤을 걸어가고, 혼자서 고난을 헤쳐 나가야 한다. 혼자서 거센 바람과 폭풍을 맞고 새벽을 기다리며 외롭게 앞으로 나아가야 한다. 우리에게 다른 선택지는 없다. 나 자신이 강한 사람이 아닐지라도 스스로 강해져야만 한다.

모든 사람이 태어날 때부터 강인함을 가지고 태어나는 것은 아니다. 조개껍데기 속으로 들어간 모래알이 긴 시간 동안 조금씩 연마되어 진주가 되는 것처럼 강인함도 이와 비슷하다.

우리가 겪는 모든 좌절과 시련이 강인한 마음을 만들어 낸다. 이 과정에서 우리는 점점 좌절을 두려워하지 않게 되고, 더는 현실을 피하지 않게 된다. 아울러 상처를 다독이는 법, 기분을 정리하는 법, 혼자서 길을 찾아가는 법을 배우게 된다.

삶의 고통은 결코 줄어들지 않는다. 그러니 삶의 고통 속에서 에너지를 끌어내라. 자신이 강한 사람이 아닐지라도 스스로 강해져야 한다.

시련이 없는
삶은 없다

 나는 종종 동종 업계 사람들끼리 만든 '작가 모임'에 나간다. 모임에 참석하는 사람들 중에는 1인 미디어를 운영하는 사람, 영화나 방송 업계에서 일하는 사람, 출판계 사람, 웹 소설을 쓰는 사람 등 다양한 업계 종사자가 있다. 하지만 이들 모두 글쓰기를 기반으로 하는 업종에 있다는 공통점이 있다. 사람들은 모이면 대부분 함께 술을 마시며 각자의 경험을 공유한다. 그리고 이 시간을 통해 자신의 능력을 개발해 나가고 다양한 삶의 모습을 발견하기도 한다.

 최근 현정이 모임의 새로운 멤버가 되었는데, 그녀는 취기가 오르자 최근 자신이 겪은 일을 털어놓았다.

지난주 그녀는 상상조차 하고 싶지 않은 끔찍한 일을 겪은 후 퇴사를 결심했다. 지난 2년 동안 상사로부터 괴롭힘을 당하고, 동료에게는 배신을 당했으며, 신입 직원 때문에 억울한 피해를 보는 등 온갖 문제에 시달렸다. 심지어 퇴사 때 부당하게 급여를 차감당하기까지 했다. 열정을 가지고 입사했지만, 결과적으로 마음도 다치고, 돈도 잃고, 회사와 관계도 좋지 않게 끝나 버렸다. 힘든 일은 이걸로 끝이라고 생각했을 때 예상치 못한 시련이 그녀에게 몰아쳤다. 남자친구가 바람을 피운 사실을 알게 된 것이다. 이것만으로도 충분히 힘든데 어머니까지 교통사고를 당하면서, 그녀는 깊은 절망에 빠졌다. 옛말에 나쁜 일은 한꺼번에 닥친다더니, 그 말이 딱 맞았다. 그녀가 이제껏 힘들게 모은 돈은 어머니의 교통사고로 인해 한순간에 사라져 버렸다. 그녀는 마음을 추스를 여유도 없이 다시 새로운 일자리를 찾아야만 했다. 현정은 감정이 북받쳐 올라 눈물을 흘렸다.

"사는 게 왜 이렇게 힘든지 모르겠어요. 나는 이렇게나 노력하는데 왜 결과는 이것밖에 안 되는 걸까요? 너무 힘들어서 더는 못 버틸 것 같아요…"

보통 이런 상황이라면 그녀의 이야기에 감정 이입되어 함께 울어줄 것 같지만, 의외로 자리에 함께 있던 사람들 모두 묵묵히 그녀의 이야기를 들어주기만 했다. 그녀 옆에 앉아 있던 사람이 그녀의 손을 슬며시 잡아 주었지만, 그 외 나머지 사람들은 크게 동요하지 않았다. 분위기가 예상과 다르자 현정이도 얼른 눈물을 닦고 목청을 가다듬었다.

그때 모임의 주최자가 가라앉은 분위기를 띄우기 위해 술잔을 들어 올리며 말했다.

"오늘 이 자리에 모인 사람 모두가 힘든 시간을 겪었거나, 겪고 있는 중이라 생각합니다. 하지만 우리는 미소를 잃지 않는 쪽을 선택했습니다. 왜냐하면 우리에게는 꿈과 희망, 미래에 대한 뜨거운 열정이 있기 때문입니다."

그 말을 듣고 얼떨떨한 현정과 달리 다른 사람들은 모두 약속이나 한 듯 서로를 보며 미소를 지었다. 분위기는 순식간에 따뜻하고 감동적으로 변했다. 그 뒤로는 모두 술의 힘을 빌려 각자의 이야기를 꺼내기 시작했다.

주최자는 글을 쓰는 일을 고집한 대가로 부모님이 알아봐 주신 좋은 직장을 잃는 동시에 집안의 경제적 지원도 끊기게 되었다. 젊고 혈기 왕성했던 그는 가족과 연락을 끊고 대도시로 떠났다. 도시로 나온 뒤로는 5년 동안 지하방을 전전하며 고생이란 고생은 다 겪어야 했다. 고생 끝에 겨우 큰 프로젝트를 따내 금의환향할 준비를 했지만 갑작스럽게 아버지가 암 말기 진단을 받은 사실을 알게 되었고, 고향에 돌아갔을 때 프로젝트 역시 여러 가지 이유로 무산되고 말았다.

현정이 정신적 우상으로 생각하는 마흔이 넘은 중년 여성에게도 아픔은 있었다. 그녀는 온라인에 글을 쓰는 일을 하면서 반신불수의 시어머니와 지적 장애가 있는 아들을 부양하고 있었다. 남편을 잃고 불완전한 삶 속에서 자신만의 모습으로 살아가는 중이었다.

삶은 원래 가혹하다

"세상에 쉬운 일은 없다."라는 말이 있다. 살아 있는 이상 시련을 겪지 않고 살아가는 삶은 없다. 사람은 감정의 동물이다. 대부분 사람들은 좌절과 시련이 닥쳤을 때 하늘을 원망하고 타인을 탓한다. 사람이라면 지극히 그런 마음이 들 수 있다. 하지만 그렇기 때문에 우리에게는 삶의 가혹함을 경험할 시간이 필요하다. 더는 아프지 않으려면 아픔을 기억해야 하기 때문이다.

그렇다고 너무 오랫동안 그 감정에 매몰되어 있으면 안 된다. 그래봐야 아무런 의미도 없기 때문이다. 삶은 원래 가혹하다. 우리가 특별히 더 슬퍼한다고 해서 삶이 우리한테만 특별히 관대함을 베풀지 않는다. 그러니 시련에 맞서 꿋꿋이 살아가는 수밖에 없다. 시련으로 고통스러울수록 당신의 손에 쥐어진 소중한 것들을 더욱 세게 붙잡아야 한다. 그것은 당신이 몇 년간 쌓은 경력일 수도 있고, 우연히 알게 된 친구일 수도 있고, 은행 계좌에 남은 마지막 1,000원일 수도 있다.

슬픔과 불만이 아무 쓸모없는 것만은 아니다. 그것들을 마음속에서 꺼내어 내 발밑에 깔아 놓는다고 생각해 보자. 슬픔과 불만이 내 발밑에 두텁게 깔릴수록 우리는 더 안정적으로 걸어갈 수 있게 된다. 그리고 언젠가는 환하게 웃으며 지난날의 시련을 이야기하는 날이 올 것이다.

그날의 모임은 거의 5시간 동안 이어졌다. 그동안 현정의 표정은 서글픔에 찬 눈빛에서 감동의 눈빛으로, 다시 감동의 눈빛에서 부끄러움이 담긴 눈빛으로 변했다. 그리고 마지막에는 희망으로 눈시울을 붉혔다.

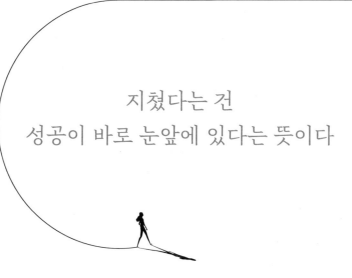

지쳤다는 건
성공이 바로 눈앞에 있다는 뜻이다

"더는 못 버티겠어. 이 도시를 떠나야 할 것 같아."

어느 날 친구가 전화를 걸어 고향으로 돌아가고 싶다는 뜻을 밝히며 내 의견을 듣고 싶어 했다. 이 도시에서 치열한 삶을 살아온 우리는 서로를 격려하고 함께 어려운 시간을 견뎌 온 사이다. 그만큼 나는 그녀가 어떤 사람인지 잘 알고 있었다. 지금의 그녀는 하고 있는 일에서 두각을 나타내며 자신의 능력을 펼치고 있는데 갑자기 왜 이런 생각을 하게 된 것인지 궁금했다. 그녀가 말했다.

"특별한 이유는 없어. 그냥 너무 지쳐서 그래."

그녀가 이 도시에 머물기로 한 이유는 그녀의 꿈을 이루기 위해서였다. 매일 8시간을 일하고, 퇴근 후 여가 시간에는 소설과 시나리오를 썼다. 그러다 최근에 한 영화사에서 그녀가 쓴 시나리오의 스토리 라인을 보고 계약을 제안했다. 그런데 영화사 측에서 그녀에게 한 가지 조건을 제시했다. 2주 안에 5회 분량의 대본을 제출해야 그 대본을 보고 계약을 체결하겠다는 것이었다.

2주 안에 5회 분량의 대본을 쓰는 것은 시간상 촉박할 수는 있지만 집중해서 쓴다면 완전히 불가능한 일도 아니었다. 나는 그녀에게 지금 기회가 눈앞에 왔으니 이 기회를 반드시 잡아야 한다고 조언했다. 그런데 그녀는 영화사로부터 연락을 받았을 때 불현듯 지쳐 쓰러질 것 같은 느낌과 함께 글을 계속 써 내려갈 수 없을 것 같은 생각이 들었다며 이렇게 말했다.

"여러 해를 버텨 왔지만 여태껏 나는 꿈을 이루지 못했어. 이제는 내가 억지 고집을 부리는 건 아닌지, 아니면 여전히 찾고 싶은 답이 있는 것인지 헷갈려. 나 자신도 내가 왜 여기에 남아 있는지 모르겠어. 그래서 꿈을 이룰 수 있는 기회가 왔을 때 그렇게 흥분되지 않더라. 아무런 느낌이 들지 않았어."

나는 그녀에게 진짜로 더 이상 글을 쓰고 싶지 않은 것인지 물었다. 그러자 그녀가 말했다.

"그것도 잘 모르겠어. 그래서 너한테 연락한 거야. 네 생각을 듣고 싶어."

나는 잠시 고민하다 그녀에게 내가 발견한 한 가지 현상을 말해주었다.

나는 매주 2~3회 달리기를 한다. 처음에는 체력이 따라 주지 않아 1킬로미터만 달렸다. 하지만 그 후로는 점차 3킬로미터, 5킬로미터로 늘려 나갔고 지금은 10킬로미터를 달릴 수 있다.

나는 여기서 흥미로운 사실을 하나 발견했다. 3킬로미터를 목표로 정하고 달렸을 때는 2.5킬로미터 지점에서 그만 포기하고 싶다는 생각이 굴뚝같았다. 그런데 5킬로미터를 목표로 정했을 때는 4.5킬로미터 지점에서야 그만두고 싶다는 생각이 몰려왔다. 이 말은 즉, 목표까지의 거리가 길건 짧건 결승선에 가까워지면 더욱 지치고 멈추고 싶은 감정이 강해진다는 것을 의미한다.

나는 그녀에게 이와 비슷한 느낌이 들지 않는지 물었다. 그녀는 잠시 생각해 보더니 정말 그런 느낌이라고 답했다. 그래서 나는 이렇게 말해 주었다.

"달리기뿐 아니라 많은 상황에서 사람들이 이런 피로감을 느껴. 누군가는 오랫동안 준비한 사업이 이제 마지막 관문만 남았는데, 좀처럼 기운이 나지 않아 지쳐 버리곤 해. 누군가는 결혼을 앞두고 갑자기 긴장되고 혼란스러움을 느끼기도 하고. 또 누군가는 오랜 시간 여행을 준비했는데 막상 출발할 때가 되니까 돌연 의욕이 사라지는 느낌을 받기도 하지."

그녀는 왜 그런 것인지 물었다. 나는 그녀에게 농담 삼아 나중에 심리학 박사 과정을 하게 되면 이 현상을 주제로 연구해 볼 생각이라고 말했다. 어쨌건 지금 가장 중요한 것은 기운을 차리고 힘을 내는 것이다. 어쩌면 그녀는 그저 자신을 증명해 보이고 싶어서 노력한 것일지도 모른다. 또 어쩌면 막상 작가의 꿈을 이루고 나서 보니 그것이 그녀가 원하던 삶이 아니었을 수도 있다. 하지만 나는 그녀에게 반드시 끝까지 버텨 내야 한다고 말했다.

"기운을 내서 한 걸음 더 나아가야 해. 휴가를 내고 대본 쓰는 일에 최대한 전념해 봐."

하지만 이제껏 한 번도 그런 강도로 글을 써 본 적이 없던 그녀는 자신감과 확신이 없었다. 나중에 나는 그녀에게 이런 이야기를 해 주었다. 플로렌스 채드윅이란 여성은 과거 영국 해협을 수영으로 횡단하는 데 성공한 경험이 있었다. 그녀는 새로운 도전을 시도하고 싶었다. 그래서 카탈리나섬에서 캘리포니아까지 수영으로 횡단하는 도전장을 내밀었다. 채드윅은 16시간을 쉬지 않고 내저었다. 차가운 바닷물 때문에 그녀의 입술은 새파랗게 변했고, 오랜 시간 운동으로 인해 체력이 거의 바닥나기 직전에 이르렀다. 팔과 다리는 천근만근 무겁게 느껴졌다. 눈앞에는 망망대해만 보일 뿐 목적지까지 얼마나 남았는지 가늠도 되지 않았다. 그녀는 이대로 포기해야 할 것만 같은 느낌이 들었다. 이런 생각이 드는 순간 힘들다는 생각이 걷잡을 수 없이 커졌고, 체력도 점차 바닥이 나기 시작했다. 그녀는 포기하고 싶어졌다.

"더는 못 가겠어요. 저 좀 끌어 올려 주세요."

"버텨야 해요. 이제 1마일(약 1.6킬로미터)밖에 안 남았어요. 조금만 더 버텨 봐요!"

"불가능해요. 앞에 아무것도 보이지 않는다고요. 정말로 더는 못하겠어요. 그러니까 저 좀 빨리 올려 주세요."

채드윅의 머릿속에서는 별의별 생각이 몰아쳤다. 결국 그녀는 도전을 포기하고 배에 올라탔다. 배는 빠르게 앞으로 나아갔고 몇 분도 안 돼 해안선이 그녀의 눈앞에 펼쳐졌다. 좀 전까지 그녀의 눈앞에 아무것도 보이지 않던 이유는 짙은 안개 탓에 1마일 바깥의 풍경이 드러나지 않았기 때문이었다.

채드윅은 깊은 후회가 밀려왔다. 그녀의 체력 정도면 마지막 1마일은 충분히 버틸 수 있었기 때문이다.

인생에서 성공과 실패 사이의 거리는 언제나 단 한 발자국밖에 되지 않는다. 그러나 대부분 사람은 눈앞의 어려움 때문에 지쳐 있다. 이럴 때는 아주 작은 장애물만 만나도 포기하고 싶은 마음이 굴뚝같다. 하지만 이를 꽉 물고 조금만 더 버틴다면 결국 승리의 빛을 보게 될 것이다.

친구는 내 조언대로 회사에 휴가를 낸 뒤 대본 쓰는 일에 전념하기로 결정했다. 시간이 흘러 그녀가 쓴 대본은 TV 프로그램으로 방영이 되었다. 그녀의 꿈이 이뤄진 것이다.

항상 마지막 고비를 넘기기가 제일 힘들다. 사람은 기진맥진해 있을 때 아주 작은 장애물에도 쓰러질 수 있다. 이때 우리를 버티게 하는 것이 바로 의지력이다.

너무 힘들어서 포기하고 싶은 마음이 든다면, 그것은 이미 끝이 가까워졌다는 증거다. 그러니 멈추지 말고 조금만 더 힘을 내서 이 고난의 여정을 끝까지 걸어가 보자. 탄탄대로가 바로 눈앞에 있다.

과시하는 사람에 대한
최대 반격은 무반응이다

송년회에서 오랜만에 아는 언니를 만났다. 그 언니는 예전과 다름없이 말수가 별로 없고, 얼굴에는 사람을 편안하게 해 주는 미소를 짓고 있었다. 한편 언니의 옆자리에는 화려하게 치장하고 온 여자가 자신의 약지에 낀 다이아몬드 반지를 뽐내고 있었다. 그녀는 주변의 다른 여자들에게 으스대며 자랑했다.

"나는 다이아몬드 반지까지는 필요 없다고 했는데, 우리 그이가 기어이 홍콩 면세점에 가서 사 왔더라고. 우리 부부의 진실한 사랑과 꼭 어울리는 반지라나 뭐라나."

그녀는 부러워하는 사람들의 시선을 즐기며 반짝이는 큰 다이아 몬드 반지를 여기저기 자랑스럽게 보여 주었다. 그런데 이 정도로는 충분하지 않았는지, 그녀는 언니에게 도발하는 듯한 질문을 던졌다.

"너도 결혼할 때 알이 엄청 큰 다이아몬드 반지를 끼고 있었던 것 같은데, 지금은 왜 안 끼는 거야? 설마 그때 체면 때문에 어디서 대 여한 반지를 끼고 있었던 건 아니겠지?"

그녀는 언니의 친구였다. 두 사람은 함께 예술 대학에 입학했다. 언니는 자신의 노력으로 영화계에 진출해서 이름을 알린 반면, 그녀 는 쉬운 지름길만 찾으려고 했다. 그녀는 성형과 스캔들로 이목을 끌다가 결국 이도 저도 되지 못하자 환갑이 넘은 남자에게 시집을 갔다.

나는 언니가 당연히 그녀의 말에 주저 없이 반박하리라 생각했으 나, 그저 미소만 지을 뿐이었다. 언니는 나중에 그 이유를 알려 주 었다.

"과시하기를 좋아하는 사람에게 할 수 있는 최고의 반격은 바로 무반응이야."

맞는 말이다. 상대방의 도발에 당신이 화를 낸다면, 상대방은 속 으로 '자극을 받으니 나한테 불같이 달려드는구나.'라고 생각할 것이 다. 그런데 상대의 예상과 달리 당신이 평정을 유지한다면, 아마도 상대는 당황하며 굴욕감을 느낄 것이다.

사실 그 여성처럼 자신이 가진 것을 과시하는 사람들은 어디에나 있다. 그들은 항상 뽐내고 싶어 하고, 비교하기를 좋아한다. 그러면서 매번 자신은 평범하다고 말한다. 그들은 어디에서나 주목받고 싶어 한다. 그래서 새로 산 가방, 옷, 남편의 연봉, 아이들의 성적 등을 자랑하며 자신의 자존감을 높이려고 한다. 또한 남에게 밀리고 싶지 않아 정작 본인이 가진 능력은 없으면서 자신이 아는 돈 많은 친구, 친척들을 내세우기도 한다.

그러나 진정한 행복은 과시할 필요가 없다. 무언가를 과시하는 사람을 보면 그 사람에게 무엇이 부족한지 알 수 있다. 예를 들어 아름다운 미모를 가진 사람은 배우자를 고를 때 상대방의 외모에 크게 신경 쓰지 않는다. 반면 그 사람의 인품과 학식 등 그가 가진 다른 장점들을 더 중요하게 생각한다. 사람의 마음은 대개 '나한테는 없는 것'에 끌리기 때문이다.

물론 일부 사람은 누군가에게 과시함으로써 행복감을 얻기도 한다. 행복은 매우 추상적인 감정이다. 어떤 면에서 만족을 느낄 때 무의식적으로 표출되는 기쁨의 감정이다.

호랑이는 자신이
얼마나 무서운 존재인지 뽐내지 않는다

내면이 약한 사람은 무언가를 과시하고 뽐내면서 자신이 가진 약점도 같이 드러낸다. 그러나 진짜 현명한 사람은 남들 앞에 나서려고 하지 않는다. 왜냐하면 그들은 다른 사람의 찬사를 통해 자신을 인정받을 필요가 없기 때문이다.

어떻게 보면 행복을 과시하는 것은 약점을 보여 주는 것과 같다. 호랑이가 날카로운 이빨을 드러내며 다니는 것을 본 적이 있는가? 호랑이는 그럴 필요가 없다. 호랑이가 얼마나 무서운 존재인지 모두가 다 알고 있기 때문이다.

예전에 한 친구가 집을 리모델링해야 하는데, 어떤 스타일로 꾸밀지 결정하지 못해 다른 친구들의 집을 차례로 방문해 참고하려고 했다. 방문을 마친 그 친구가 내게 이렇게 말했다.

"사업을 하는 친구 집의 문을 열자마자 굉장히 고풍스러운 큰 책장이 눈에 들어왔어. 책장에는 중국 고전과 세계 명작들이 가득했는데, 그걸 본 순간 나 자신이 부끄럽더라. 나는 오랜 시간 교사로 일해 왔지만, 우리 집에는 그런 책이 한 권도 없었거든. 그런데 그 책장에서 책을 하나 집어 들고 나서야 그 많은 고전 책들이 실은 책 커버였다는 걸 알게 됐어. 친구는 민망해하며 자신은 실제로 명작을

274

읽은 적이 없고, 그저 고상한 분위기를 내고 싶어서 책 커버를 가져다 놓았다고 했어."

가짜는 어떤 모습으로 위장했든 가짜다. 아무리 진짜처럼 꾸며도 진짜가 될 수는 없다. 사람은 때때로 타인의 칭찬이나 인정을 원하고, 타인에게 자신의 성취를 공유하고 싶어 한다. 가끔 내 안의 이런 작은 허영심을 채우는 것은 나쁜 것이 아니다. 하지만 타인의 평가와 시선 같은 것들에 너무 몰두하면 오히려 진짜 내 모습을 잃어버릴 수 있다.

많은 사람들이 자신의 행복을 뽐내려고 애쓰지만, 실은 행복을 잡고 싶어서 필사적으로 발버둥을 치는 것이다. 그러나 진정한 행복은 단순하지만 겉으로 드러나지 않는 평온한 마음 상태와 같다. 너무 화려하게 포장하면 오히려 가짜처럼 느껴질 수 있다.

진정한 이치는 많은 말이 필요 없고, 진정한 행복은 큰 소리로 떠들지 않아도 느낄 수 있다. 진정한 행복은 우리가 만족감을 느낄 때 자연스럽게 흘러나오는 감정이므로, 아무리 요란스럽게 떠들고 자랑해도 내면의 행복 지수는 올라가지 않는다. 그러니 남들에게 뽐내려고 하지 말고, 남과 비교하려고도 하지 말자. 그저 주어진 하루를 열심히 잘 살아가는 것만으로 충분하다.

길이 아무리 멀어도
혼자 걸어야 한다

친구 K는 금융 업계에서 일하고 있다. 외진 산골에서 나고 자란 그는 명문대를 졸업한 뒤, 가장 낮은 직급의 사원으로 입사해 지금은 중간 관리자 자리까지 올랐다. 나는 그를 매우 존경한다.

그러다 어느 모임에서 K는 나에게 한 가지 일화를 들려주었다. K의 아버지는 가난한 시골 마을의 이장이다. 그의 아버지는 청렴하기로 유명했다. 하지만 마을의 도로를 정비하고 투자를 유치해야 할 때는 술자리 접대에도 적극적으로 참여했다. K의 아버지는 자존심이 강해서 일평생 남에게 부탁하는 것을 꺼렸다. 그런 그의 아버지가 K를 위해 단 한 번 남에게 도움을 청한 일이 있었다.

K가 대학을 졸업하고 구직 준비를 하고 있을 때였다. K는 일찌감치 회계사 자격증을 취득해 놓은 상태였지만, 사투리 억양이 심하고 촌스러운 외모 때문에 면접에서 번번이 떨어졌다. 그러던 어느 날, K는 아버지로부터 연락을 받았다. 아버지는 그에게 찻잎 몇 상자를 부쳤으니 어느 대기업의 임원에게 선물로 전달하라고 했다. 그 임원은 과거에 K의 아버지로부터 도움을 받았던 사람으로 지금껏 K의 아버지에게 고마운 마음을 갖고 있었다. K의 아버지는 그 임원에게 전화를 걸어 K가 그의 회사에 면접을 응시할 수 있게 해달라고 부탁했다.

K의 아버지는 그에게 "인맥이 있으니 편하게 일할 수 있다고 착각하지 말거라. 그 회사에 입사하면 필히 열심히 일해야 한다."라며 당부했다. 그리하여 K는 찻잎 두 상자를 들고 그 임원을 찾아갔다. 하지만 K와 그 임원과의 대화는 단 5분 만에 끝이 났다. 그 임원은 헤어지기 전 마지막으로 이렇게 말했다.

"K군은 아직 준비가 되지 않았네요. 준비가 다 되면 다시 찾아오세요."

임원의 말투는 굉장히 점잖고 정중했지만, K는 그의 말 속에서 자신을 향한 멸시와 냉담한 태도를 느꼈다. 그 순 간 K는 자신의 자존감은 물론이고 아버지의 자존감까지 모두 짓밟힌 느낌을 받았다.

그렇다. 그가 아직 준비가 되지 않았다는 말은 틀림없 이 맞다. 그렇지 않다면 그의 아버지가 다른 사람에게 부 탁할 일도 없었을 것이다. 그는 단순히 자신을 증명할 기 회만 원했다. 그렇기 때문에 설령 그 회사에 입사했더라도 일을 제대로 해내지 못하면 쫓겨났을 것이다. 하지만 그전 에 상대는 그에게 어떠한 기회도 주지 않았다. K는 그 임 원과 헤어진 뒤 아버지에게는 그 회사가 마음에 들지 않는 다고만 말했다. 그 뒤로 K는 어느 작은 회계 사무소에 들 어가 매달 40만 원 남짓 되는 월급을 받으며 일을 배우기 시작했다. 반면 그의 동기들은 대부분 외국계 기업에 취직 해 초봉이 그가 받는 월급의 세 배 남짓 되었다. 비록 처음 에는 친구들보다 조건이 뒤떨어졌지만, K는 그 작은 회계 사무소에서 시작해 동종 업계에서 10년 넘게 경력을 쌓아 지금은 어엿한 펀드 매니저가 되었다.

물론 K는 지금도 말할 때 사투리가 심한 편이지만, 그의

278

모습은 매우 평온해 보였다. K는 그 임원을 만나고 온 그 날, 살면서 누군가에게 기대려고 하면 안 된다는 것을 깨달았다. 그렇지만 K는 그 임원을 원망하지 않았다. 왜냐하면 그 임원에게는 아무 잘못도 없기 때문이다. 그날 이후 스물두 살의 K는 깨달았다. '가족에게 의지할 수도 없고, 도와줄 친구도 없다. 나는 반드시 혼자 성장하는 법을 배워야 한다.'

나는 그의 말에 전적으로 동의한다. 누군가가 나의 현재 상황을 바꿔 주기를 기대해서는 안 된다. 만약 누군가가 도움의 손길을 내밀어 준다면 그것은 그 사람에게 감사해야 할 일이다. 반대로 누군가가 당신을 도와주지 않는다고 해도 그 사람을 원망해서는 안 된다. 왜냐하면 그 사람은 그렇게 할 의무가 없기 때문이다. 결국 인생의 시련과 풍파는 혼자 헤쳐 나가면서 스스로 성장해야 한다.

내가 의지할 사람은 나 자신뿐이다

괴테는 "우리는 부모와 친척의 보호를 받으며 자란다. 형제와 친구에게 의존하기도 하고, 지인의 도움을 받기도 하며, 사랑하는 사람에게서 행복을 얻기도 한다. 하지만 결국 인간이 의존해야 할 곳은 바로 나 자신이다."라고 말했다.

새끼 독수리의 몸집이 어느 정도 커지면, 어미 독수리는 자식들을 둥지의 가장자리에서 깊은 계곡으로 쫓아낸다. 이때 새끼 독수리는 추락하지 않으려고 필사적으로 날개를 펄럭이는데, 이 과정에서 새끼 독수리는 독수리로서 가져야 할 능력을 습득하게 된다.

인간의 삶도 마찬가지다. 사람은 의지할 곳이 있다는 생각이 들면 결연한 의지를 잃게 되고, 어려움이 닥쳤을 때 스스로 해결해 보려는 시도조차 하지 않게 된다. 이러한 습관이 지속되면 영영 성장할 수 없다.

사람은 저마다 입장이 다르고 견해도 다르다. 선택하는 방향과 가치관도 제각기 다르다. 따라서 다른 사람이 매사, 매 순간 나를 위해 생각해 주거나 나 대신 걱정해 주는 것은 불가능하다.

작가 마더馬德는 "내가 왜 즐겁지 않은지 점점 이해되기 시작했다. 그 이유는 내가 늘 어떤 결과를 기대했기 때문이다."라고 말했다. 그렇다. 사람은 미약한 존재다. 사람은 언제나 무한한 세상 앞에서 깊은 무력감을 느끼기 때문에 제3의 존재가 자신을 구원해 주기를 기대한다. 우리는 책을 읽으면 생각의 깊이가 깊어지기를 기대하고, 달리기를 하면 날씬해지기를 기대한다. 메시지를 보내면 답장이 오기를 기대하고, 누군가에게 잘해 주면 보답이 오기를 기대한다. 이렇게 예상한 기대가 이루어지면 안도의 한숨을 내쉬지만, 예상한 기대가 이뤄지지 않으면 자신이나 남을 탓한다. 물론 어느 정도 기대할 수는 있다. 하지만 지나친 기대는 사람을 욕망의 늪에 빠뜨려 스스로 헤어 나올 수 없게 만든다.

어떤 길은 혼자 걸어야 한다. 길이 아무리 멀어도, 밤이 아무리 어두워도 혼자서 묵묵히 걸어가야 한다. 매번 다른 사람에게 희망을 걸고, 다른 사람의 후광에 기대고, 다른 사람의 성공에 얹혀가려고 하면 결국 우리는 아무 의미 없는 삶을 살게 될 것이다. 그럴 바에는 차라리 우리 자신에게 기대를 걸어 보자. 지금부터라도 목표를 세우고 행동을 시작해 보자.

불안한 완벽주의자를
위한 조언

예전에 어느 젊은 남자 배우가 공식 석상에서 여러 차례 자신의 박사 학위를 과시하곤 했다. 사람들도 한동안은 그를 연예계에서는 드물게 고학력을 가진 배우로 생각했다. 그러다 어느 생방송에서 그의 학문에 대한 무지가 드러났고, 그의 '뇌섹남' 이미지는 완전히 산산조각이 났다. 설상가상으로 그는 논문 위조 스캔들에까지 휘말렸다.

이 사건은 크게 화제가 되어 한동안 세간을 떠들썩하게 했다. 젊은 남자 배우의 이미지는 추락했으며, 기대작으로 촉망받던 드라마와 영화에서 연이어 하차해야 했다. 결국 자신의 잘못된 선택으로 쓰라린 결과를 맞이한 것이다.

그는 유식한 배우이자 예술가라는 완벽한 이미지를 고수하고 싶었던 것 같다. 하지만 촬영하느라 종일 눈코 뜰 새 없이 바쁜 상황에서 학문을 연구하고 논문을 쓸 시간이 어디 있었겠는가. 결국 그는 연기와 학업 모두 포기하고 싶지 않은 마음에 논문 위조라는 잘못된 선택을 하고 만 것이다.

모든 걸 다 잘하려는 사람은 자기 자신에게 지나치게 엄격하다. 뭐든 다 할 줄 알아야 하고, 뭐든 다 잘해야 하며, 자신의 작은 실수도 용납하지 못한다. 한마디로 완벽의 화신이 되기를 꿈꾼다. 그래서 아주 사소한 실수만 해도 스스로 자책하며 어떻게든 달라지려고 애쓴다. 이뿐이 아니다. 그들은 모든 사람에게 호감을 얻고 싶어 하고, 모두가 자신을 좋아해 주기를 바란다. 그래서 자신을 대하는 상대의 태도가 조금만 달라져도 '내가 뭘 잘못했을까'라고 의심한다.

이러한 완벽주의적 태도는 비현실적이다. 완벽해야 한다는 바람과는 대조적으로 현실에서는 우리가 원하는 이상적인 모습을 달성하기가 어렵다. 이로 인해 오히려 머릿속에는 끝없는 걱정과 고민만 쌓일 뿐이다.

만일 앞서 언급한 그 배우가 연기에 전념하는 것과 잠시 본업을 내려놓고 공부에 전념하는 것 중 하나를 선택했다면 적어도 어느 한 가지는 잘 해냈을 것이다. 모든 것을 원하고 모든 것을 완벽하게 해내려고 한다면 결국 아무것도 얻지 못할 수 있다. 인간의 능력은 유한하기 때문이다.

소규모 기업의 디자이너로 일하는 친구가 있다. 내부 경쟁이 무척 치열한 회사에 다니고 있었지만 다행히 친구는 굉장히 부지런한 성격이라 맡은 일을 깔끔하게 처리하는 것은 물론, PPT를 만드는 능력과 문서 작성 지식까지 독학으로 습득했다. 그 결과 그는 남들보다 빨리 상사의 인정을 받아 평사원에서 프로젝트 관리자로 단번에 승진했다. 더불어 급여도 인상되었고, 사내 핵심 인재로 각광을 받게 됐다.

어느 날 회사에서 규모가 큰 입찰 프로젝트를 수주받게 됐다. 이 사업에는 입찰 문서를 전문적이고 상세하게 작성할 수 있는 사람이 필요했다. 친구의 상사는 그를 입찰 문서 작성자로 추천했다. 사실 친구는 데이터 분석에 능숙하지 않았고, 입찰 문서를 작성해 본 경험도 없었다. 그러나 친구는 상사 앞에서 자신의 부족한 면을 드러내고 싶지 않았다. 또 그로 인해 상사가 생각하는 자신의 이미지가 달라질까 봐 신경이 쓰였다. 결국 그는 상사의 제안을 바로 수락했다. 결과는 역시나 참담했다. 그는 디자인에 관한 전문 지식이 부족했던 탓에 입찰 서류를 작성하는 과정에서 대부분의 전문 용어와 이론 지식을 인터넷에서 찾아 그대로 복사해야 했다. 또한 데이터 분석도 제대로 이뤄지지 않아 디자인 설계도 굉장히 어설프고 허술했다. 결국 그가 작성한 입찰 서류는 통과되지 못했고 그로 인해 회사는 큰 기회를 놓치고 말았다. 친구의 상사도 그에게 크게 실망했다.

우리는 모든 것을 잘할 수 없다

이 세상에 만능인 사람은 없다. 사람은 저마다 잘하는 분야가 있고 잘 못하는 분야가 있기 마련이다. 그러니 자기 자신을 너무 몰아세우지 마라. 자신의 약점을 알고 있으면서도 운 좋게 들키지 않길 바라는 마음이나, 자신의 미숙한 면을 숨기려고 잔꾀를 부리는 것 모두 결과적으로 나 자신을 힘들게 만들 뿐이다. 자신에 대한 무지만큼 두려운 것은 없다.

진정으로 똑똑한 사람은 자신의 약점과 강점을 잘 안다. 그리고 기회가 왔을 때는 과감하게 나서고, 나서지 않아도 되는 자리에서는 자신을 낮추고 겸손하게 행동한다. 이들은 자신이 가진 강점을 잘 살려 자신의 단점을 극복해 낼 뿐 아니라 끊임없이 스스로 단련한다. 진정으로 현명한 사람은 자신의 현 상태를 충분히 이해하고 있기 때문에 달성하지 못할 목표에 매달리는 대신 지혜로운 선택을 한다. 설령 목표가 손 닿을 거리에 있는 것처럼 보인다 해도, 지나치게 자신을 몰아세울 경우 오히려 자신을 위험한 상황에 빠뜨릴 수 있다. 항상 자신에게 너무 많은 것을 요구하지 말자. 자신을 혹사시키면서까지 노력했는데 아무 결과도 얻지 못하면 자괴감에 빠져 잘할 수 있던 일마저 제대로 해내지 못할 수 있다.

　　서둘러 꿈을 이루려고 하지 마라. 충분한 자본이 없거나 충분한 확신이 없다면 일단 꿈을 먼 미래에 잠시 맡겨 두고 현재 걸어가고 있는 길을 차분히 걸어가라. 미래는 아주 멀리 있으니, 너무 많은 생각들로 자신을 지치게 하지 말고 지금 해야 할 일을 착실히 해내 보자. 불안과 걱정을 내려놓고 가벼운 마음으로 삶을 즐겨 보자. 기억하자. 우리는 만능 왕이 아니다. 그러니 자신을 너무 가혹하게 대하지 마라.

Part 8

행복은 인생의 본질을
빨리 깨닫는 사람의 것

소중한 것에
집중하는 능력

"내 최대 행운은 어릴 때 너를 만나 너를 사랑하게 된 일이야. 내게 남은 인생은 너를 위한 거야. 다른 사람은 어떨지 모르겠지만, 나는 너를 만나지 않았다면 예상치 못한 다른 삶을 살았을 거야."

친구의 결혼식에서 사회자가 신랑을 향해 신부에게 전하고 싶은 말이 있는지 묻자 신랑은 잠시 진지하게 생각하더니 위와 같이 말했다. 객석에 앉아 있던 한 친구는 부러움과 감동이 섞인 목소리로 말했다.

"너무 부럽다. 왜 어떤 사람들의 인생은 이렇게 순탄하게 흘러가는 걸까? 저 둘을 봐. 학교 다닐 때도 둘 다 1등만 하더니 회사에서도 둘 다 '능력자'로 인정받고 있잖아. 정말 훌륭한 한 쌍이야."

정말 동화처럼 아름다운 이야기가 아닌가. 부러움 가득한 그녀의 하소연을 들으니 예전에 읽었던 한 문장이 떠올랐다.

"우수한 학생은 대부분 좋은 연인이나 헌신적인 배우자가 될 가능성이 높다. 그들은 남들보다 빨리 세상을 이해하고, 인생에서 무엇이 가장 중요한지 일찍 깨달았기 때문이다."

현재의 순간에 집중하며 인생에서 중요한 것들을 잘 관리할 수 있는 사람은 보통 사람들보다 강한 자기 절제력과 의지력을 갖고 있다. 가시밭길 같은 인생의 여정에서 자기중심을 잃지 않고 복잡한 세상에서 본래의 마음을 지켜 내려면 강한 정신력이 필요하기 때문이다. 이런 정신력을 가지려면 먼저 자신이 진짜 원하는 것이 무엇인지부터 알아야 한다.

사람들은 대개 자신의 선택에 문제가 있다고 생각하지만, 사실 우리의 인지가 문제일 수 있다. 우리의 기분이 일시적으로 나아지는 순간들이 있다. 이를테면 일탈할 때, 책임을 미룰 때, 결과를 회피할 때 등이 그렇다. 하지만 이러한 행동의 기저에는 사람의 욕망과 탐욕, 나약함이 깔려 있다. 그러므로 이런 행동을 통해 얻는 쾌감은 아주 잠깐만 유지될 뿐 오래가지는 못한다.

진정으로 행복을 얻은 사람들이라 해서 엄청 대단하거나 인상적인 삶을 사는 것은 아니다. 하지만 그들이 느끼는 참된 행복은 일시적인 쾌감과 달리 오랫동안 잔잔하게 이어진다. 반면 보통 사람들이 갈망하는 '눈부신 삶'은 인간의 욕망을 아름답게 포장한 것에 지나지 않는다. 진정한 행복은 현재의 순간에 집중하며 단순하게 사는 데 있다. 현재의 순간에 집중하는 삶은 감정을 과도하게 소모할 일이 없으며, 행복의 본질에 더 가까이 다가갈 수 있다. 이러한 이치를 빨리 깨닫는 사람은 의식적으로 달콤한 욕망에 휘둘리지 않고 삶의 진정한 의미를 깨닫는다.

너무 늦지 않게 깨달아야 할 인생의 본질

다음은 어느 두 부부에 대한 이야기다. 첫 번째 부부는 결혼 당시 서로를 열정적으로 사랑해서 모두의 부러움을 샀다. 반면 두 번째 부부는 결혼 당시 아무도 이들 부부의 미래를 기대하지 않았다. 그런데 이들의 결혼 후 모습은 사람들의 예상과 전혀 달랐다. 처음에 서로를 열렬히 사랑했던 부부는 결혼생활 몇 년 만에 이혼했다. 반면 아무도 기대하지 않았던 다른 한 쌍은 결혼 후에 날로 더 행복해졌다. 사실 이들의 운명은 결혼 전부터 이미 정해져 있었는지도 모른다. 첫 번째 부부는 서로를 자유롭게 사랑했지만, 결혼생활에 전념할 준비가 되어 있지 않았다. 그들이 결혼을 결심한 이유는 상대에게서 느껴지는 신선함과 격정적인 감정 때문이었지, 결혼 자체를 진정으로 원했던 것은 아니었다. 이후 두 사람은 결혼생활 내내 수많은 유혹에 흔들렸고, 서로를 지치게 만드는 일들이 잦아졌다. 결국 두 사람의 일과 가정, 일상은 전부 엉망진창이 되어 버렸다.

반면 아무도 기대하지 않았던 두 번째 부부는 결혼생활을 통해 내가 얻고 싶은 것이 무엇인지, 결혼생활에서 무엇이 가장 중요한지에 대한 생각이 명확했다. 가령 이들은 결혼 초부터 결혼생활에 지장을 줄 수 있는 각종 유혹과 방해물을 차단하고, 항상 자신의 욕망을 절제하려고 노력했다. 그로 인해 부부간에 생길 수 있는 불필요한 갈등과 다툼을 줄일 수 있었다. 부부의 목표가 하나에 집중되니 결혼생활의 만족도는 올라가고, 부부 사이는 나날이 좋아졌다.

위 일화에 등장하는 첫 번째 부부는 나의 할아버지와 할머니고, 두 번째 부부는 나의 부모님이다.

대부분 나이가 어릴 때는 자신이 정말로 원하는 것이 무엇인지 몰라 시행착오를 겪으며 많은 시간을 허비한다. 물론 이러한 시행착오를 겪고도 인생에 큰 변화 없이 살아가는 운 좋은 사람들도 있지만, 어린 시절의 시행착오로 인해 인생의 중요한 기회를 놓치는 이들도 있다. 이 세상의 많은 이들이 자신의 인생에서 가장 중요한 것이 무엇인지 너무 늦게 깨닫는다. 하지만 그 소중함을 진정으로 느끼기 시작할 때쯤에는 이미 인생의 많은 것들이 바뀐 뒤다.

　욕망에 타협하고 자신을 절제하지 못하는 사람들과 달리, 자신이 원하는 것을 정확하게 아는 사람은 욕망을 제어하고 마음을 한곳에 집중할 수 있는 힘이 있다. 더욱이 그들은 혼란스러운 세상에서 무엇을 소중하게 여겨야 하고 어떤 것에 주의를 기울여야 하는지 분별해 낼 능력이 있다. 그들의 인생에는 자기 소모적인 걱정이 별로 없기 때문에 삶에 대한 후회나 아쉬움도 크게 없다.

　많은 이들이 노년에 자신의 인생을 돌아보며 인생에서 가장 중요한 것이 다른 무엇도 아닌 건강이었음을 깨닫고 탄식한다. 평범한 우리도 언젠가 불현듯 깨닫게 되지 않을까. 과거에 자신이 집착했던 것들이 실은 인생에서 그리 중요한 것이 아니었음을 말이다.

혼자서 잘 지내지 못한다면
사랑하지 마라

매번 나를 난처하게 만드는 일이 있다. 다들 내가 연애 경험이 거의 없고 대부분의 시간을 혼자 보낸다는 것을 알면서도, 주변의 동료와 친구들은 나를 연애 전문가처럼 생각한다. 그들은 문제가 생길 때마다 나를 찾아와 자신들의 속마음을 털어놓았다. 그러나 막상 눈앞에서 괴로워하는 그녀들을 보면 나 역시 차마 거절하기가 쉽지 않다. 그래서 나는 그들의 고민을 들어주고, 최대한 위로의 말을 해 주려고 노력한다. 그렇게 한 번 두 번 경험이 쌓이니 점점 나만의 위로 방법을 터득하게 되었다.

대학 졸업 후 베이징에 남아 혼자 외롭게 살고 있는 후배가 한 명 있다. 어느 날 그녀의 외로운 마음속을 파고든 남자가 나타났다. 그 남자는 모든 면에서 다 훌륭했다. 후배는 금방 그에게 빠져들었고, 두 사람은 만난 지 몇 달 만에 동거를 시작했다.

그러나 둘 사이의 간극은 얼마 지나지 않아 드러났다. 그들은 성격뿐 아니라 학력, 집안 배경, 사회 경력에서도 큰 차이가 있었다. 게다가 후배는 남자친구 부모님과의 관계에서도 어떻게 처신해야 할지 몰라 매번 서로에게 좋지 않은 감정을 남겼다. 그로 인해 두 사람은 함께 사는 짧은 시간 동안 싸우는 날이 많아졌고 결국 이별하게 되었다.

나는 후배에게 그녀가 원하는 남자친구의 모습을 물었다. 그녀가 대답하길 배려심과 포용심이 있는 사람, 자신의 고민을 함께 나눌 수 있는 사람, 생각과 행동이 성숙한 사람, 자신을 힘들게 하지 않는 사람이라고 말했다. 그래서 나는 이렇게 조언해 줬다.

"남자들도 같은 생각을 하고 있을 거야. 사람 관계에서 어느 한쪽이 성숙하지 못하면 다른 한쪽은 그 관계에 피로감을 느끼게 돼. 그리고 이런 상태가 계속 이어지면 그 관계로부터 도망치고 싶다는 생각이 들 수밖에 없어."

누군가를 사랑하기 전에 나 자신부터 사랑해라. 아울러 혼자의 삶을 즐길 줄 알고 혼자 성장해 나갈 수 있어야 한다. 그러려면 독립적인 사람이 되어야 한다. 그래야 상대방에게 너무 많이 의존하지 않을 수 있고, 나로 인해 상대방이 지치는 일이 생기지 않는다. 또한 성숙하고 강해져야 한다. 그래야 살면서 부딪히는 문제를 지혜롭게 해결할 수 있고, 좌절 앞에서도 무너지지 않을 수 있다.

만일 혼자서는 잘 지내지 못할 것 같다면 절대로 누군가를 사랑하지 마라. 다른 사람이 버거운 현실 속에서 당신을 구해주기를 기대하지 마라. 어느 누구에게도 당신의 구세주가 되어줘야 할 의무는 없다. 그래서 혼자서도 잘 사는 사람은 어느 날 이별을 맞이해도 여전히 혼자서 잘 살아갈 수 있다.

나를 사랑하는 것이 먼저다

우리는 혼자만의 시간을 만끽하며 다채롭게 살아가는 법을 배워야 한다. 내가 나의 삶을 사랑하지 않는데, 다른 사람이 어찌 나를 사랑할 수 있겠는가? 두 눈을 크게 뜨고 삶의 아름다움을 찾아보자. 삶의 아름다움을 발견했을 때 혼자 있는 시간이 더는 두렵지 않다.

혼자만의 시간은 삶을 풍요롭고 다채롭게 만들어 준다. 우리는 혼자 있을 때 다른 사람의 취향을 걱정할 필요 없이 자신의 입맛에 따라 원하는 음식을 선택할 수 있다. 이뿐만 아니라 누구의 간섭도 받지 않고 자유롭게 주말 계획을 세울 수 있다. 공원을 걷고 싶으면 공원에 가면 되고, 영화를 보고 싶으면 영화관에 가면 된다. 그렇다고 나 혼자만을 위한 삶을 살라는 말이 아니다. 이기적이고 고립된 삶 속에서 자기 자신만을 사랑하는 법을 배우느라 타인의 사랑을 받아들이는 법과 타인을 사랑하는 법을 잊어버리면 안 된다.

혼자 있는 시간을 활용해 건강을 관리하고 자기 관리 습관을 기르는 것이 중요하다. 매번 하고 싶은 대로 행동하고, 먹고 싶은 대로 다 먹으려고 하지 마라. 정작 본인은 쉼 없이 먹고 마시고 몸매 관리라고는 일절 하지 않으면서, 타인의 완벽한 몸매만 보고 부러워하지 마라.

혼자 있는 시간 동안 가족에게 더 신경 써라. 나중에 내 곁에 다른 반쪽이 생기면 가족과 함께할 수 있는 시간이 전처럼 많지 않기 때문이다. 주변의 모든 사람이 다 떠나도 내 곁에 남아 내 뒤에서 묵묵해 내 편을 들어줄 존재는 가족뿐이다. 가족만이 내가 진정으로 의지할 수 있는 존재라는 것을 잊지 말자.

지금 당신의 삶이 어떤 상황이건 지금 당신이 몇 살이건, 쉽게 누군가를 좋아하지도 무턱대고 연애를 시작하지도 마라. 나 자신을 존중하고 사랑하는 법을 배우고, 내 감정을 책임질 줄 아는 것이 먼저다. 다른 사람들이 행복해 보인다는 이유로 혼자인 삶을 빨리 벗어나려고 하지 마라. 내면의 공허함과 외로움을 채우기 위해 다른 사람을 사랑하려고 하면, 그것은 나 자신과 상대방 모두에게 결국 상처를 줄 것이다.

다른 사람을 사랑하기 전에 먼저 자신의 삶을 사랑하자. 혼자 있는 시간은 자신을 성찰하고 가치를 향상시키는 소중한 기회다. 혼자의 힘으로 문제를 해결해 보고, 혼자일 때 느끼는 감정을 잘 다스려 보자. 혼자서도 의미 있고 알찬 일상을 지내며 스스로 실수를 돌아보고 그로부터 배울 수 있어야 한다. 혼자 있는 시간을 낭비하지 말고 나의 삶을 마음껏 즐겨 보자. 그러다 보면 미래에 더 나은 자신을 만나게 될 날이 올 것이다.

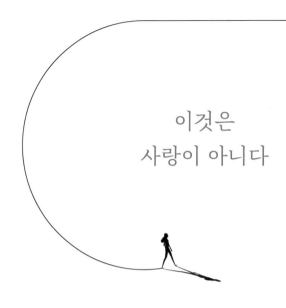

이것은
사랑이 아니다

사람들은 어떤 것을 너무 쉽게 얻어서 그것이 원래 가지고 있는 신성함과 기대감, 그리고 그것을 진심으로 소중히 여기는 마음을 잃는다. 그래서 '사랑'은 점점 희귀한 것이 되어 가고 있다. 사랑에 대한 풍자와 조롱, 사랑과 관련된 다양한 이론과 해석으로 사람들은 사랑을 가볍게 여기고, 현실 세계에서 사랑의 본질적인 가치와 의미는 왜곡되어 버렸다. 한 친구는 결혼 전 내게 이렇게 말했다.

"나는 성인이 되고 나서 사랑과 결혼을 분리해서 봐야 한다는 걸 깨달았어."

그래서 그녀는 감정적 연결이 없는 사람을 선택해 결혼을 결심했다. 마음을 주었다가 끝내 상처만 가득 떠안게 되는 결말을 원치 않았기 때문이다. 이후 그녀는 커플 매칭 플랫폼을 통해 조건이 괜찮아 보이는 남자를 골라 마치 번갯불에 콩 구워 먹듯 서둘러 결혼식을 올렸다. 그녀가 말했다.

"두고 봐. 감정에 대한 기대를 접으면 상대방의 행동에 대한 기대도 사라지고, 그렇게 되면 일상에서 충돌할 일도 자연스럽게 줄어들 거야. 우리 두 사람은 각자의 독립된 세상에서 즐거움을 찾으며 살게 될 거야."

나는 그녀의 젊은 시절 이야기를 알고 있다. 당시 그녀는 남자친구와 오랜 시간 연애를 했지만 한 번의 신뢰 위기로 헤어지게 되었다. 그녀는 나중에서야 자신이 남자친구를 오해했음을 알았다. 하지만 그런데도 그녀는 그에게 사과하지 않았고, 그를 붙잡을 생각도 전혀 없었다. 그녀는 이런 식의 사랑은 사람을 너무 지치게 해서 앞으로는 감정에 휘둘리고 싶지 않다고 했다. 한 사람에게 지나치게 많은 시간과 인내심을 쏟는 것보다는 그냥 포기하는 게 낫다고 생각한 것이다.

그 뒤로 그녀는 한동안 우울감에 빠져 자신의 마음을 닫아 버렸다. 연애, 사랑, 감정 이런 것들은 그녀의 안중에 전혀 없었다. 오직 상대방과의 관계에서 내가 얻는 것과 잃는 것에만 관심을 가졌다.

남편과는 감정적인 유대나 애정이 그다지 없었기 때문에 그녀는 남편과의 관계에서 많은 인내를 할 필요도, 감정적으로 애를 쓸 필요도, 상처받을 일도 없었다.

물론 다른 연인들의 다정한 모습을 보면 가끔 서글픈 느낌도 받았고, 지금 자신의 삶에는 무언가가 빠져 있는 느낌이 들기도 했다. 하지만 이 정도의 상실감은 심리적 안정감에 대한 갈망에 비하면 아무것도 아니었다. 잃어버리는 슬픔을 겪을 바에는 차라리 처음부터 사랑하는 감정을 갖지 않겠다는 게 그녀의 선택이었다. 어쩌면 지금 많은 사람들이 그녀와 비슷한 심정을 느끼고 있을지도 모르겠다.

그들은 감정을 순수한 감정적 반응이 아닌 이성적이고 계산적인 방식으로 다룬다. 이런 방식으로 자신의 감정의 안정과 균형을 찾으려고 한다. 그들은 남녀 관계에서 무작정 애정을 쏟기보다는, 구체적인 목적을 가지고 관계 유지를 위해 노력해야 결혼생활이나 연인 관계에서 우위나 주도권을 차지할 수 있다고 생각한다. 이제는 떠나간 연인과 지나간 사랑에 매달리고 붙잡으려는 노력은 '바보 같은 행동'의 대명사가 되었다.

하지만 단순히 지루한 일상 속에서 느끼는 기쁨, 슬픔, 사랑, 우정 등만이 감정이 아니다. 감정은 인간이 지닌 근본적인 특성이자 인간의 내적·정신적 성장에 꼭 필요한 부분이다.

두려움 없이 사랑에 빠져라

사람들을 감동시키거나 두렵게 만드는 것들은 대체로 사람들이 자신의 삶에서 부족하다고 느끼는 것일 가능성이 크다. 다른 사람을 사랑할 용기가 부족하면서 '나는 성숙한 어른이니까'라는 핑계를 대며 감정을 표현하지 않는다면, 그 사람은 진정으로 성숙한 사람이 될 수 없다. 이런 태도는 결국 후회나 아쉬움을 마주할 때 자신의 감정을 숨기기 위한 자기방어일 뿐이다.

사실 사랑의 본질은 자신을 다른 이에게 녹여 넣어 그 사람과 하나가 되고자 하는 감정이다. 그로 인해 우리는 인간으로서 부드럽고 따뜻한 감정을 느끼고, 세상에 대한 인내심과 감동을 경험하게 되는 것이다.

우리는 자신이 느끼는 감정을 솔직하게 표현하는 과정에서 스스로 더 나은 사람이 되고 싶은 마음이 들고, 다른 사람에게도 좋은 사람이 되고 싶다는 생각을 가지게 된다. 이처럼 타인과의 감정적 연결을 통해 우리는 혼자가 아님을 느끼고, 고독함과 외로움을 극복할 힘을 얻는다. 진정한 사랑은 이타적이지만, 대부분의 세속적인 사랑은 이기적이다.

세속적인 사랑의 관점은 자신을 잃지 않는 선에서, 평생 함께할 파트너와의 관계를 마치 비즈니스 거래처럼 상호 이익에 기반한 계약으로 바라보게 한다. 그래서 이런 관점을 가진 남녀는 서로 함께 하는 과정에서 주도권을 차지하기 위해 싸우게 된다. 표면적으로는 사랑해서 하는 결혼처럼 보이지만 실상은 이익과 계산에 기반한 비즈니스인 셈이다.

진정한 감정은 포용력이 있고 꾸밈이 없어야 한다. 이를 이해한 사람은 다른 사람과 감정적으로 가까워지는 것을 두려워하지 않으며, 오히려 다른 사람과 감정의 유대를 통해 내적으로 더욱 성숙한 자신이 되려고 노력하게 된다.

누군가는 진정으로 좋은 사람은 자신을 더 나은 사람으로 만들어 주는 사람이라고 말한다. 사실 수많은 관계가 시작될 때 우리는 그 관계가 운명일지 아니면 시련일지 미리 알 수 없다. 하지만 그 관계를 위해 용기를 내서 노력하다 보면 서로에 대한 배려와 존중, 서로를 치유하는 힘, 상대방을 있는 그대로 받아들이고 이해하려는 마음이 생겨날 것이다.

진정으로 독립적인 개인은 사랑을 통해 진정한 내 모습을 인정하고 표현할 수 있는 자유를 얻는다. 이러한 사랑은 오랜 시간 시련과 시험을 거친 뒤에야 그것이 지닌 진가가 발휘된다. 거친 파도와 매서운 바람이 휘몰아치고 난 뒤에야 진정한 평온함이 무엇인지 깨닫는 것처럼 말이다.

어둡고 혼란스러운 세상을 살아가면서 진심으로 누군가에게 감정을 느끼고 그 사람의 시각에서 생각하게 될 때, 우리는 그 과정에서 나의 정체성을 잃거나 마음의 상처를 받는 게 아니라 오히려 그 경험을 통해 성장하게 된다.

기억해라. 진정한 사랑을 얻는 사람은 열린 마음으로 두려움 없이 사랑에 몰입하는 사람이다.

친밀한 관계일수록
감정의 가스라이팅을 조심하라

내 친구는 외동딸로 태어나 부모님의 사랑을 듬뿍 받고 자랐다. 그녀는 연애를 시작하기 전까지 인생의 모든 것이 순조로웠다. 여느 행복한 이야기의 서두처럼 그녀는 무난히 대학에 입학했고, 대학원을 다니면서 남자친구를 사귀게 되었다.

어느 커플에게나 한 번씩은 시험의 순간이 찾아온다. 그녀 역시 예외는 아니었다. 정식으로 연애하기 전에는 남자친구가 그녀의 모든 것을 좋아해 주었는데, 사귀기 시작한 뒤로는 그녀에 대한 불만을 표출하기 시작했다.

처음에는 그녀의 부주의하고 세심하지 못한 성격에 불만을 드러냈으며, 그다음에는 그녀의 소극적인 생활 태도를 지적했다. 그는 그녀가 익숙하고 편안한 환경에서 벗어나지 않으려고 하고, 새로운 것을 배우려는 노력을 전혀 하지 않으며, 자기 주도적으로 삶을 살지 않는다고 비난했다. 이런 식의 다툼은 이들 커플의 일상이 되어 버렸다. 남자친구의 비난과 지적은 당연히 그녀의 마음에 상처를 줬다. 그런데도 그녀는 남자친구가 자신의 마음을 풀어 주려는 메시지를 보내면 일전에 그가 퍼부었던 독설은 금세 잊어버리고 용서했다.

친구들은 아무래도 그녀가 '연애 의존증'에 빠진 것 같다고 우려했다. 어떤 친구는 그녀가 하는 연애는 '자존감을 모조리 갉아먹는 연애'라고 말하며 답답해했다.

다들 그녀의 연애 방식에 그러려니 할 즈음, 예상치 못한 일이 벌어졌다. 어느 날 남자친구가 그녀에게 또다시 비난 세례를 퍼붓자 그녀는 한마디 말도 없이 돌연 남자친구를 차단하고 그와의 모든 연락을 끊어 버렸다. 마치 한순간에 모든 것을 깨달은 사람처럼 그녀는 두 번 다시 남자친구와 연락하지 않았다. 친구들은 그녀가 갑자기 이렇게 용기를 낸 것이 믿기지 않아 그 이유를 물었다. 그러자 그녀가 말했다.

"이유는 모르겠어. 예전에는 항상 남자친구가 생각하는 기준에 맞추려고 노력했는데, 갑자기 생각이 달라졌어."

그녀의 이야기를 듣고 난 뒤 나는 이 말이 떠올랐다.

"세상에 갑작스러운 이별은 없다. 더 이상 참지 않겠다는 결심만 있을 뿐이다."

가끔은 누군가를 위해 일방적으로 잘하려고 노력할 때가 있다. 상대의 말대로 내가 가진 단점을 고치려고 하고, 더 완벽한 사람이 되려고 노력한다. 하지만 그럴수록 깨닫게 되는 사실이 하나 있다. 당신이 아무리 달라지려고 해도 상대에게는 여전히 당신을 비난할 거리가 남아 있다는 것이다. 이런 식의 비난과 부정은 당신을 점점 움츠러들게 만들고 자신의 능력을 의심하게 만들어 스스로 부정하는 악순환에 빠져들게 한다.

이러한 부정적 감정에 휩싸이면 점점 더 나약해지고, 그럴수록 더 누군가를 떠나는 것이 두려워진다. 우월감에 찬 상대방의 태도가 당신의 두 눈을 가려 버리니, 그로 인해 무의식적으로 상대가 주는 사랑은 곧 자신에게 베푸는 은혜라고 믿기 때문이다.

이런 식의 연인 관계는 처음부터 대등하지 않다. 이것이 바로 감

정의 가스라이팅이다. 연애를 하는 모든 사람은 연인과의 관계에서
안정감을 갈망한다. 그래서 많은 이들이 사랑과 같은 친밀한 관계에
서 상대방보다 내가 강하다는 것을 증명해야만 자신이 그 관계에서
우위를 차지할 수 있다고 생각한다. 감정적으로 가까운 관계에서 늘
상대방의 트집을 잡는 사람이 있는데, 이들의 말속에는 '내 생각과
내 방식이 너보다 더 뛰어나다'라는 우월감이 내포되어 있다. 그들
은 연인을 부정하면서 마음의 안정감을 얻지만, 상대방은 그로 인해
마음의 안정감을 잃어버린다.

균형이 깨진 관계는 오래가지 못한다

예전에 이런 얘기를 들었던 적이 있다. 옛날에 어느 한 오만한 남
자가 어떻게 하면 아내의 마음을 돌릴 수 있을지 물었다.

"아내는 굉장히 나약한 사람이라서 제게 많이 의존해요. 과거에는
제가 아내를 많이 야단쳤어요. 어떨 때는 조금 과하게 야단칠 때도
있었지요. 하지만 그건 다 아내를 위한 말이었어요. 나중에 아내 역
시 제 말이 옳다고 인정했어요. 그런데 아내는 왜 저를 떠나려고 하
는 걸까요?"

이 말은 그 오만한 남자가 아내와의 관계를 돌이켜보며 생각해 낸

유일한 반성이었다. 이것만으로도 그가 배우자를 책망하고 비난한 것에 대해 전혀 반성하지 않았음을 알 수 있다. 한번 생각해 보라. 아내가 입으로는 남편 말이 옳다고 인정했지만, 남편을 사랑하는 아내의 마음은 정말 아무렇지 않았을까?

오래 지속되는 사랑은 관계의 균형이 유지되어야 가능하다. 관계에서 서로가 감정을 주고받고 상호작용을 하는 것이 바로 균형이다.

배우자를 아이로 생각하며 혼내고, 틈만 나면 배우자를 가르치려는 사람들이 있다. 그들이 아무리 좋은 의도로 배우자를 비난하고 질책한 것이라 해도, 그로 인해 상대가 수차례 자존감을 다친다면 배우자는 결국 그들을 떠나고 말 것이다.

사람을 사랑한다는 것은 그 자체만으로 큰 에너지가 필요하다. 상대방에게 계속 부정당하기만 하는 사람은 사랑하는 사람에게 에너지를 줄 수 없다. 할 수 있는 일이라고는 자신의 곁에 있는 사람에게 매달리고 의존하는 것뿐이다.

하지만 배우자가 마지못해 자신의 부족함을 인정하고 당신으로부터 온갖 지시와 참견을 받아들인다 해도, 배우자의 이런 일시적인 양보와 순종은 당신에게 정서적 만족감은 물론 진정한 사랑이 주는 벅찬 감정을 안겨 주지 않는다. 오히려 배우자에 대한 불만만 더 커질 뿐이다.

습관적으로 타인을 지적하는 사람들을 보면, 실제로 이들 대부분은 남들보다 특별히 뛰어날 것이 없는 사람들이다. 그들은 단순히 다른 사람을 지적하고 지시하기를 좋아할 뿐이다. 자신이 만든 작은 세상에 갇혀 자신의 한계나 능력을 제대로 인지하지 못하는 사람은 언제나 자신을 최고로 여기며 일생을 주변 사람 탓만 하며 살아간다.

이런 부류의 사람들은 대부분 성격이 너그럽지 못하고, 시야가 좁으며, 통제욕이 굉장히 강하기 때문에 삶이 편안하지도, 행복하지도 않다. 그래서 이들은 다른 사람을 통해 성취감을 찾으려 하고, 다른 사람을 부정함으로써 자신의 불안감과 나약함을 떨쳐버리려고 한다.

하지만 진짜 능력이 출중하고 기품이 있는 사람들은 함부로 다른 사람을 부정하지 않는다. 그들은 긍정적이고 포용적인 마음을 가지고 있으며 다른 사람의 장점을 발견하려고 노력한다. 심리학자 존 가트맨John Gottman은 이렇게 말했다.

"사랑이 깨지는 것은 사소한 문제에서 시작된다."

처음에 서로 사랑했던 연인들이 끝내 헤어지는 이유는 대체로 어떤 큰 어려움을 만나서가 아니라 아주 사소한 문제들이 누적된 결과다. 다시 말해 시간이 흐르면서 관계에 대한 열정이 식어 버리고 사소한 부분에서 불만이 쌓여 큰 문제가 되는 것이다. 사람은 실망이 커지면 마음도 차갑게 식어 버린다. 사랑이라는 감정은 시간과 함께 서서히 쌓아 가는 것이다. 사랑하지 않는 감정 또한 마찬가지다.

그렇다고 먼저 관계를 끝내고 떠난 사람들이 '연애 의존증'을 완전히 끊어 냈다고는 말할 수 없다. 그들은 그저 불행한 상황에서 벗어나기 위해 아픔을 참고 사랑을 놓아 버린 것뿐이다.

누구도 당신의 인생을
책임져 주지 않는다

친구 D는 명문대 출신에 유망한 학과를 졸업했다. 그런데 졸업한 지 벌써 수년이 지났고 나이가 거의 서른에 가까워졌는데도 여전히 신입 사원들이 하는 기초적인 일을 하고 있다. 게다가 다녔던 직장마다 근무 기간이 길지 않았다. 그중 근무 기간이 가장 짧았던 경우는 겨우 20일에 지나지 않았다.

사실 D는 똑똑하고, 예쁘고, 성격도 유순한 편이다. 유일한 단점이라면 너무 감정에 휩쓸리는 경향이 있다는 점이다. 그녀는 감정에 쉽게 빠져들기 때문에 남자들이 건네는 달콤한 말 몇 마디에도 금세 속아 넘어갔다. 그녀는 회사에 입사한 지 얼마 되지 않았을 때 한 남자 동료로부터 구애를 받았고, 그와 몰래 연애를 시작했다.

그녀는 업무에 대한 의욕이 오래가지 못했다. 매번 스스로 파이팅을 외쳐 보지만, 막상 어려움에 부딪히면 금세 좌절하고 불평했다. 그럴 때마다 남자친구는 메시지로 "겁먹지 마, 내가 먹여 살려 줄게."라고 말하며 그녀를 달래 주었다. 그녀는 남자친구의 이런 진심 어린 마음에 더할 나위 없이 행복했다.

그 뒤로 그녀는 근무 시간에 웹 소설을 읽거나 로맨스 드라마를 보면서 낭만인 사랑에 대한 환상에 빠져들었다. 그녀가 얼마나 심취했냐면, 자신의 SNS에 사랑과 관련된 기사를 자주 공유할 정도였다. 그중에는 '진정으로 당신을 사랑하는 남자라면 반드시 해야 할 일'이라는 제목의 기사도 포함돼 있었다. 또한 그녀는 평소 '남자친구가 지켜야 할 세 가지 원칙과 여덟 가지 주의 사항'에 대해서도 자주 언급했다.

그녀의 사랑은 한마디로 TV 드라마에 나오는 사랑처럼 폭풍같이 다가왔다. 하지만 시간이 흘러 연애를 막 시작했을 때의 달콤함이 사라지자, 그때부터 여러 가지 불만이 속출하기 시작했다. 이를테면 남자친구의 월급이 적은 점, 남자친구가 진취적이지 않은 점, 남자친구가 비 오는 날 야근 때문에 자신을 데리러 오는 걸 깜박한 점 등 마음에 들지 않는 부분이 늘어갔다.

그녀는 종종 늦은 밤이 되면 SNS를 통해 대도시에서의 녹록지 않은 삶을 한탄하며, 언젠가는 빨리 이 생활을 끝내고 성실한 남편의 월급으로 평화로운 가정을 꾸리고 싶다는 바람을 내비쳤다.

하지만 그녀의 기대와 달리 남자친구는 그리 오래 지나지 않아서 그녀에게 이별을 고했다. 이유를 들어보니 남자친구는 그녀가 꿈꾸는 사랑과 그녀가 자신에게 거는 기대를 만족시킬 수 없을 것 같다는 느낌이 들었다고 고백했다. 예를 들어 그녀는 회사에서 사소한 문제만 생겨도 바로 그에게 전화를 걸어 하소연했다. 처음에는 이해해 주려고 했지만, 그녀가 하소연할 때 그가 조금이라도 귀찮은 티를 내면 불같이 화를 내곤 했다. 이어서 그녀는 자신을 지켜 주겠다던 과거의 약속을 꺼내 들며, 왜 자신이 어려움을 겪고 있을 때 아무 도움도 되지 못하는 것이냐며 따져 물었다.

실제로 우리가 누군가와 연인이 되는 이유는 서로 위로하고 서로 지지해 주기 위해서다.

그녀가 일상의 불만을 남자친구에게 털어놓은 것은 인생의 모든 문제를 남자친구를 통해 해결하고 싶은 마음에서 비롯된 것이다. 하지만 그녀의 이런 태도는 전형적인 '몸만 큰 어린아이의 사고방식'이다. 건강한 관계는 절대 한쪽이 다른 쪽에 의존하는 형태가 아니라, 두 사람 모두 독립적인 위치에서 서로를 지지하며 동맹을 구축한다.

진정한 행복은 누군가가 줄 수 있는 것이 아니다

나는 현실에서 온갖 어려움을 직접 겪어 보고 나서야 다른 사람에게도 고충이 있다는 것을 이해하게 되었다. 그리고 이 세상에는 수많은 어려움과 시련이 있기에 사람은 서로 이해하고 도와주며 살아야 한다는 것도 깨달았다.

그러나 D는 항상 타인에게 기대려고만 하고, 사랑만 있으면 자신의 모든 문제가 해결될 것처럼 생각했다. D는 자신이 남자 보는 눈이 없는 게 문제라고 했지만, 사실 그녀가 이 세상을 제대로 이해하지 못하고 있는 것이 그녀의 진짜 문제다. 그래서 그녀는 나이가 서른 중반임에도 여전히 안정을 찾지 못하고 결혼을 통해 자신의 문제를 해결하기를 바라는 것이다.

그녀가 꿈꾸는 삶은 마치 하나의 아름다운 선물 같았고, 사랑은 그 선물을 열어 볼 수 있게 도와주는 존재로 여겨졌다. 사랑에 대한 그녀의 기대가 커질수록, 그녀는 사랑을 통해 더 많은 것을 얻고자 했다. 이 세상에 존재하는 복잡하고 어려운 일들, 그리고 사람들, 끝 없는 스트레스, 치열한 경쟁은 모두 자신을 사랑하는 사람이 막아 줘야 할 일이고, 정작 그녀 자신은 상대를 좋아하는 마음 하나만 있 으면 된다고 생각했다. 예전에 이런 구절을 본 적이 있다.

"어른의 세계에서 누가 누구보다 쉽게 사는 경우는 없다. '남자니 까, 여자니까, 사랑하니까'라는 변명으로는 혹독한 현실을 막을 수 없다. 직면해야 할 현실이 있다면 그 현실은 내가 직접 맞서야 한다. 그것은 곁에 있는 사람이 대신해 줄 수 없는 일이다."

동화 속의 평화롭고 행복한 이야기는 우리에게 동경을 불러일으 키지만, 책을 닫고 나면 우리는 여전히 이 세상이 우리에게 던지는 수많은 현실적인 문제들과 마주해야 한다.

이 세상은 너무 치열하고 냉혹해서 때때로 혈투가 벌어지는 전장 처럼 느껴지며, 그 속에서 벌어지는 싸움은 종종 자신과의 외로운 싸움이 되기도 한다. 운명은 성별을 가리지 않으며, 현실 세계에서 는 누가 누군가의 피난처가 될 수 없다. 희망은 결코 다른 사람이 만들어 주는 것이 아니다. 현실에서 도망치려는 변명을 내려놓고, 나만의 힘을 조금씩 쌓아 나가야 현실에서 느끼는 불안과 걱정으로부터 자유로워질 수 있다.

진정한 행복은 누군가가 줄 수 있는 것이 아니라, 자기 내면에서 천천히 찾아보고 시간을 들여 서서히 만들어 나가야 하는 것이다. 그 과정은 지루하고, 단조롭고, 반복적이며, 낭만적이지 않을 수 있다. 하지만 아주 천천히 자기 힘으로 행복을 만들어 가야만, 내면에서 우러나오는 강인한 힘을 발견하고 진정으로 견고한 사랑을 찾을 수 있다.

뭘 하든 내가 결정한 대로, 나답게 사는 방법

남의 시선에
아랑곳하지 않기

펴낸날 2024년 3월 10일 1판 1쇄

지은이 차이웨이
옮긴이 유연지
펴낸이 김영선
편집주간 이교숙
책임교정 나지원
교정·교열 정아영, 이라야, 남은영
경영지원 최은정
디자인 정윤경
마케팅 신용천

발행처 ㈜다빈치하우스-미디어숲
출판브랜드 미디어숲
주소 경기도 고양시 덕양구 청초로 66 덕은리버워크지산 B동 2007호~2009호
전화 (02) 323-7234
팩스 (02) 323-0253
홈페이지 www.mfbook.co.kr
출판등록번호 제 2-2767호

값 18,800원
ISBN 979-11-5874-214-0 (03190)

㈜다빈치하우스와 함께 새로운 문화를 선도할 참신한 원고를 기다립니다.
이메일 dhhard@naver.com (원고 및 기획서 투고)